anische **Impulse**
gegeben von Stefan Kiechle SJ, Willi Lambert SJ
artin Müller SJ
0

anische **Impulse** gründen in der Spiritualität des
s von Loyola. Diese wird heute von vielen Menschen
:deckt.

anische **Impulse** greifen aktuelle und existentielle
wie auch umstrittene Themen auf. Weltoffen und
t, lebensnah und nach vorne gerichtet, gut lesbar und
ich anregend sprechen sie suchende Menschen an
fen ihnen, das alltägliche Leben spirituell zu deuten
gestalten.

anische **Impulse** werden begleitet durch den Je-
rden, der von Ignatius gegründet wurde. Ihre The-
ientieren sich an dem, was Jesuiten heute als ihre
en gewählt haben: Christlicher Glaube – soziale
:igkeit – interreligiöser Dialog – moderne Kultur.

Vitus Seibel (

Wer ist dein C

77 Jesuiten geben eine per

Igna
Hera
und N
Band

Ignat
Ignati
neu e

Ignat
Frage
konkr
persö
und h
und z

Ignat
suiten
men
Leitli
Gerec

Vitus Seibel (Hg.)

Wer ist dein Gott?

77 Jesuiten
geben eine persönliche Antwort

echter

Bibliografische Information der Deutschen Nationalbibliothek

Die Deutsche Nationalbibliothek verzeichnet diese Publikation in der Deutschen Nationalbibliografie; detaillierte bibliografische Daten sind im Internet über <http://dnb.d-nb.de> abrufbar.

© 2018 Echter Verlag GmbH, Würzburg
www.echter.de
Druck und Bindung: CPI books – Clausen & Bosse, Leck

ISBN
978-3-429-04499-2 (Print)
978-3-429-04991-1 (PDF)
978-3-429-06401-3 (ePub)

Inhalt

Zur Einführung

Als ich meine Mitbrüder gebeten habe, mir einen Beitrag für dieses Buch zu schreiben, war mir bewusst, dass dies keine leicht zu erfüllende Bitte ist. Dass sich Jesuiten über Gott äußern, ist zwar nicht verwunderlich. Es gehört von Berufs wegen ins Zentrum ihrer Aufgaben. Aber wie sie es hier tun, übersteigt die gewöhnlichen Erwartungen. Es geschieht sehr persönlich, sehr offen, gar nicht überheblich, herzlich, bewegt und bewegend oder auch angefochten.

Es sind erstaunliche Zeugnisse geworden – wie auch schon in zwei vorausgehenden Bänden dieser Reihe: »Was bedeutet dir Jesus Christus?« (Nr. 33) und »Wie betest du?« (Nr. 68).

Jesuiten öffnen ihr Herz und geben Einblick in ihr Inneres. Da ist von Lobpreis die Rede, aber auch von unausweichlichen Fragen, vom tragenden Fundament bis hin zu schweren Erschütterungen dieses Fundaments, von der sich durchhaltenden Freude und von der Last des Leidens, von Gottesbildern und dem davon verschiedenen Geheimnis Gottes, vom Finden Gottes in allen Dingen bis zu offen bleibender Ratlosigkeit, von vorgegebenen Formulierungen bis zum hilflosen Stammeln, von Anstrengungen des Verstandes bis zur Ahnung von Mystik, von kindlicher Hingabe bis zu abgründigen Dunkelheiten, von vertrauter Begegnung bis zu demütiger Ehrfurcht, von tapferen Bekenntnissen bis zum Verstummen vor dem ganz Anderen.

Und immer wieder Jesus als Offenbarer des Vaters, als Antlitz des lebendigen Gottes, als Abstieg aus der Ewigkeit in die unbegreifliche Nähe der Brüderlichkeit und Gefährtenschaft. In der Nachfolge des Gekreuzigten geschehen Teilhabe an seinem Geist der Liebe und der Barmherzigkeit und die Anbetung der heiligsten Dreifaltigkeit.

Hilfen auf dem Glaubensweg werden genannt. Da sind vor allem Begebnisse und Worte der Heiligen Schrift. Dann auch Aussprüche von Heiligen. Und auch wichtige Menschen werden zitiert, die hilfreiche Formulierungen gefunden haben. Karl Rahner ist für manche einer unter ihnen. Die einen schildern Entwicklungen in ihren Lebensphasen, andere greifen eine bestimmte Thematik auf, die ihnen wichtig ist. Das ignatianische Erbe der Unterscheidung der Geister ist ebenso bemerkbar wie das Einbetten der Erkenntnisse in eine ehrliche Gebetspraxis.

Fast überflüssig zu sagen, dass es bei diesen Fragen um das zentrale Ringen aller Christen geht, nicht um konfessionelle Abgrenzungen.

Das Buch verdankt sein Entstehen der Anregung meines Mitbruders Willi Lambert. Er stellt auch in einem eigenen Beitrag die Verbindung her zwischen dem Gott unseres Ordensvaters, des hl. Ignatius, und den Prägungen, die wir in seiner Gründung empfangen haben.

In allen Computerfragen hat mir mein Mitbruder Gundikar Hock (wieder) geholfen.

Meine Hoffnung ist, dass die Zeilen dieses Bandes Anregungen für die Leserinnen und Leser sein mögen, um die Spuren Gottes im eigenen Leben neu und vertieft zu entdecken.

Vitus Seibel SJ

Wen spreche ich an?

Meine Mutter hat mir den Glauben an Gott beige-bracht. Ich glaube nicht durch die obligatorischen Gu-te-Nacht-Gebete. Sondern durch ihr Verhalten in der Kirche. Ich war wohl gewollt dabei, aber nicht die Hauptsache. Die war geheimnisvoll vorne, wo ich nichts verstand. Die Aufmerksamkeit meiner Mutter und ihr Gesammeltsein haben mich beeindruckt. Ich kann mich gut daran erinnern.

So habe ich von klein auf an Gott zu glauben gelernt. An welchen Gott? Das kann ich mir nicht mehr so recht ins Gedächtnis rufen. Vielleicht so: Von Gott kommt die Welt, und er achtet auf ein gutes Verhalten. Das war der Anfang des Glaubens.

Im Laufe der Zeit hat sich vieles, vor allem gefühlsmä-ßig, angelagert. Wichtig waren mir Naturerfahrungen, vor allem die Berge, aber nicht nur. Weiter die Musik. Auch Erfahrungen im Gewissen bei guten Entschei-dungen. Hinter allem wohl, aber kaum bewusst, das Gemochtsein in der Familie und bei Freunden. Das Leben war gut und dahinter stand ein guter Gott. Die Plausibilität des Gottesglaubens in meiner Lebensum-gebung tat ihr Übriges.

Das Studium der Philosophie und Theologie brachte die Auseinandersetzung mit der grundsätzlichen Welt-überlegenheit Gottes. Immer deutlicher wurde mir, dass Gott nicht neben anderen Dingen »vorkommt«. Für mich hat vor allem Karl Rahner, innerlich davon bewegt, die Unbegreiflichkeit Gottes beschworen.

Lange hat mich die Frage beschäftigt: Wen spreche ich denn an, wenn ich bete? Ich habe keine Vorstellung von Gott. Aber komme ich ohne eine Vorstellung aus? Ich scheine auf irgendetwas angewiesen zu sein, auch wenn es noch so undeutlich ist. Ich meine, für mich etwas gefunden zu haben.

Ich lebe in der Welt. Sie ist mir gegeben. Etwas anderes habe ich nicht. Von ihr muss meine Vorstellung von Gott ihren Anfang nehmen. Ich nehme wahr, was vor mir ist, was ich in irgendeiner Weise berühre. Aber dann weite ich meine Aufmerksamkeit aus auf alles, was ist. Das Gesamte versuche ich zu umfassen. Auf das Dasein überhaupt gehen mein Blick und mein Empfinden: auf die Welt, in der ich lebe.

Ich bleibe dabei nicht stehen. Ich denke über die Welt hinaus. Geht das? Meine Erfahrung ist: Es geht. *Es muss im Leben mehr als alles geben* (Maurice Sendak). Genauer gesagt: Es ist nicht nur ein Denken. Darf ich es auch ein Fühlen nennen? Ich glaube ja, sonst würde ich mich dort, wo Gott ist, nicht zu Hause fühlen.

Dann wird mir bewusst: Ich muss die Welt nicht verlassen, um Gott zu finden. Er ist in der Welt. Sie ist seine Sprache für uns. Alles spricht von Gott.

Und Jesus? Übersetzt er nicht den unbegreiflichen Gott ins Menschlich-Begreifliche? Aber ich komme nicht darum herum: Auch in ihm muss ich den unerforschlichen Gott zu ertasten suchen. Wo zeigt er sich? Es gibt Erstaunliches, vor allem seinen unbeirrt guten Blick auf die »Zöllner und Sünder«. Ihr Fehlverhalten billigt er nicht. Dennoch schaut er auf ihre kostbare Mitte, dorthin, wo ihr wahres Herz ist. Seine Klarheit und zugleich seine Zuwendung ohne jede Spur von Ablehnung ziehen diese Menschen an. Und so ist Gott. Das ist mehr als meine Versuche, mir Gott vorzustellen. Reicht ein Menschenleben, dass beides zusammenwachsen kann?

Hans Abart SJ, Neumarkt/Opf., geb. 1937

Die Weltformel des Glaubens

Gott ist Liebe. Zugegeben: Dieser Satz klingt nicht sehr originell. Und doch, je länger ich darüber nachdenke, desto weniger fällt mir etwas anderes ein. Der französische Jesuit François Varillon hatte einmal sinngemäß geschrieben: »Wenn ihr bei einem Streit um theologische Fragen nicht einseht, dass es letztlich immer um Liebe geht, dann lasst es sein … vorläufig.« Vielleicht ist es meine naturwissenschaftliche Prägung, aber ich bin je länger je mehr davon überzeugt, dass das Eigentliche, um das es im Glauben geht, nicht einfach genug sein kann. Und daher sind es vor allem zwei einfache Formeln, die seit ein paar Jahren meine Erfahrungen mit Gott erhellen und mein Reden über Gott prägen.

Die erste stammt vom verstorbenen irischen Jesuiten Michael Paul Gallagher, der uns die kürzeste Definition des Wortes »glauben« vorgelegt hatte: »Say yes to a yes!« Sag ja zu einem Ja! Nicht irgendwelche abstrakten Wahrheiten und Lehrsätze stehen im Zentrum des Glaubens, sondern eine Beziehung. Glauben heißt, sich auf den einlassen und auf den vertrauen, der zu mir ja sagt ohne Wenn und Aber. Und dieses bedingungslose Ja Gottes zur Welt und zu uns Menschen ist es, worum es im christlichen Glauben geht und was wir an Weihnachten feiern. Gott, der Schöpfer des Universums, wird selber Mensch in der konkreten Wirklichkeit unserer Welt. Und er tut dies nicht mit Pauken und Trompeten, sondern still und diskret in der Gestalt eines kleinen Kindes. In der gewaltlosen Erscheinung und in der wehrlosen Liebe dieses Kindes beginnt das, was am Kreuz seine Vollendung finden wird: die Offenbarung der Liebe und Barmherzigkeit

Gottes durch das Lebenszeugnis von Jesus von Nazareth. Er möchte uns zeigen und erfahren lassen, wer er ist und wer wir sind für ihn. In der ganz konkreten Begegnung mit Jesus erfahren sich Menschen als von Gott gesehen und wahrgenommen, als gekannt und anerkannt, als beim Namen gerufen und persönlich gemeint, als bedingungslos bejaht und geliebt.

Hier kommt die zweite Formel ins Spiel, die ich dem amerikanischen Franziskaner Richard Rohr zu verdanken habe. Er hatte 1998 in einem Vortrag in Zürich die wesentliche Aussage der Bibel in einem Satz zusammengefasst: »You are not o.k., but that's o.k.!« Gottes Liebe stellt keine Bedingungen. Er fragt weder nach der Vergangenheit noch nach der Leistung. Seine Sehnsucht ist der lebendige, aufrechte Mensch. Er möchte mich frei machen von allem, was mich am Leben hindert. Und er tut das nicht etwa, indem er einfach ignoriert, was alles nicht o.k. ist. Nein, er nimmt meinen jeweiligen Ausgangspunkt ernst mit allem, was verletzt, lebensfeindlich oder eben sündhaft ist. Und weil er mich – wie es Papst Franziskus so schön ausdrückt – auch als Sünder anschaut und dennoch o.k. findet, kann ich immer wieder neu meinen Weg mit ihm wagen, ohne an meinem dauernden Scheitern zu verzweifeln. Ja, Gott ist für mich die Erfahrung, dass da einer ist, der ja zu mir sagt, auch wenn ich einmal nein sage … ja selbst dann noch, wenn ich einfach nicht aufhören kann, nein zu sagen. Manche Naturwissenschaftler träumen von der letzten, einfachen Formel hinter aller Wirklichkeit, der Weltformel. Im Glauben habe ich sie gefunden: Gott ist Liebe.

Beat Altenbach SJ, Basel, geb. 1965

Mein Sein in seinem Sein

Als Kind begegnete mir Gott nur indirekt, durch die Bilder von Schutzengeln, die Brüderchen und Schwesterchen sicher über zerbrochene Holzbrücken über den tosenden Wildbach geleiten, oder als Herz-Jesu-Bildchen. Gott war einer, der mich beschützt, der für mich da ist und dem ich am Abend sagen durfte, wie gerne ich ihn habe, und den ich bat, auf mich aufzupassen, wenn ich schlafe. Die Kirche war der Ort, wo der liebe Gott wohnt, verborgen in einer goldenen Kiste über dem Hochaltar, in die niemand hineinsehen durfte. Deshalb gab es hinter der geöffneten Tür noch mal einen Vorhang, aber es gelang mir nie, einen Blick auf das Innere zu erhaschen. Wenn der Priester beim Gottesdienst mit dem Rücken zum Volk bei der Wandlung die Hostie hob, mussten alle nach unten blicken, und ich tat es so wie alle anderen. Gott war ein unnahbares Geheimnis.

Im Beichtunterricht zur Vorbereitung auf die Erstkommunion begegnete mir dann ein anderes Gottesbild: der allmächtige Vater, überall gegenwärtig, alles sehend (symbolisiert im Gottesauge über dem Hochaltar), vor dem es kein Entkommen gab. Er wusste alles: unsere geheimsten Gedanken; er wusste, wenn ich genascht hatte oder abgepflückte Blumen wegwarf, wenn ich gemein war oder gelogen hatte. Und er bestrafte mich, wenn ich auch nur gegen das kleinste seiner Gebote verstoßen hatte.

Das war ein Gottesbild, das mich lange begleitet und mir die Freude an Gott verdorben hatte. Es führte dazu, dass ich diesem Gott und seiner Kirche gegenüber eher ablehnend dastand. Wenn ich ihn rief, dann nur, wenn ich verzweifelt, einsam war, Hilfe brauchte. Aber in guten Zeiten wollte ich nichts von ihm hören, war er mir gleichgültig geworden. Nicht, dass ich nicht mehr an seine Existenz glaubte, aber er war mir nicht wichtig genug, um mich mit ihm zu beschäftigen.

Und dann, als es mir wieder einmal sehr schlecht ging, trat mir aus dieser Dunkelheit eine neue Wahrheit entgegen: ein liebender, ein verzeihender Gott, einer, dem ich trauen, vertrauen kann. Der mich so annimmt, wie ich bin, für den ich mich nicht verändern muss, um ihm zu gefallen. Aus dieser neu entdeckten »Liebe« wuchs eine neue Sehnsucht: mich ihm ganz in seinen Dienst zu stellen. Mein Leben änderte sich radikal. Ich trat in den Orden ein, um das zu leben und das weiterzugeben, was ich selber erfahren hatte, ein Geschenk, das ich teilen wollte.

Heute ist mein Gottesbild einfacher geworden, ja ich versuche alle Bilder, Gefühle, Vorstellungen auf ihn hin loszulassen. Gott ist Gott. Mein Sein in seinem Sein. Alles darf sein, auch ich in allem, so wie er mich geschaffen hat. Wenn Gott den Menschen nach seinem Ebenbild geschaffen hat, dann tritt er mir in jedem Menschen so entgegen, wie dieser ist, egal ob hässlich, schön, betrunken, voller Wut und Hass, hungrig, gleichgültig, satt, strahlend oder auch zweifelnd. In jedem Menschen kann ich seine Anwesenheit oder Abwesenheit spüren. Auch in meiner Angst oder Freude, ihnen zu begegnen. Durch Menschen spricht er zu mir, wenn er eine menschliche Stimme braucht. Oder ich spreche zu ihnen, wenn er ihnen etwas sagen will. Der Ort, wo Gott mir am nächsten ist, ist die Stille, in einer ganz einfachen, schlichten Gewissheit, dass er da ist. Nicht immer, aber immer wieder. Das genügt.

Anton Altnöder SJ, Nürnberg, geb. 1950

Gott des Alltags

Gott ist für mich derjenige, der mich bewegt hat, diesen Beitrag zu schreiben. Sonst hätte ich über Gott gar nichts zu sagen. Aber sobald Gott selbst sich meiner Vernunft, meines Herzens und meiner Hände bedient, habe ich sehr wohl etwas über ihn zu sagen. Deshalb soll hier die Rede nicht *von* Gott sein, sondern *mit* Gott. Wenn ich also überhaupt etwas über Gott zu reden vermag, dann nur in der Form des Dialogs.

Gott ist stets erwartungsvoll. Er ist immer interessiert, etwas über mich und mein Leben zu erfahren. Es klingt ein wenig paradox, aber gewiss. Gott freut sich über jede freudige Geschichte, die ich ihm »erzähle«, als ob er sie zum ersten Mal hörte. Wenn ich voll Kummer mit meinen Klagen vor ihn trete, dann zeigt er sich zutiefst bewegt. Wenn ich schwach und schweigsam seine Gegenwart suche, dann ist er da, mir seinen stillen Beistand zu leisten. Gott ist mir also zunächst ein ganz zarter, feinfühliger Freund. Gott, der erhabene und alles Verstehen und Vorstellen übersteigende Schöpfer des Universums, macht sich für meine Bedürfnisse vollkommen verfügbar. Diese meine Bedürfnisse werden fast immer einwandfrei erfüllt. Und zugleich fast immer in einer Art und Weise, wie ich mir das selbst nie ausdenken könnte. Dann bleibt mir am Ende des Tages nur noch ein großes mit Dankbarkeit erfülltes Staunen.

Gott ist aber nicht nur ein Empfänger, der nur auf meine Initiativen reagiert, sondern vielmehr ein ganz aktiver Geber. Er ist überhaupt die Motivationsquelle, die mich bewegt, eine Initiative aufzugreifen und ihn zu suchen. Er sucht mich also, indem er versucht, mich zum Suchen nach ihm zu bewegen. Das fällt ihm nicht immer sehr leicht, weil ich manchmal ganz schön stur sein kann. Aber er ist doch Gott, er schafft das.

Gott ist gegenwärtig. Das bedeutet für mich, dass er sich in meinem Leben finden lässt. Eine große Motivation, warum ich ein Jesuit geworden bin, war, mein Leben zu verleugnen und dafür nur Gott zu suchen. Aber mit der Zeit hat mich diese Suche nach Gott in mein Leben zurückgeführt, wenn auch mit ganz anderen Augen. Gott hat mir gezeigt, dass er mir in der Wirklichkeit begegnen möchte, und deshalb suche ich jeden Abend diese Wirklichkeit, wenn ich die Hände zusammenfalte und einen Rückblick auf den vergangenen Tag werfe. Dort zeigen sich mir Gespräche, Begegnungen, Erkenntnisse, Gefühle, Stimmungen usw., die eine bestimmte Botschaft über mich selbst und über Gott in sich bergen. Diese Botschaften sind Ermutigungen oder Bestätigungen, die mich in diese oder jene Richtung zu bewegen bzw. die schon eingeschlagene Richtung zu bewahren versuchen. Mittlerweile gibt es jeden Tag eine solche Fülle an Botschaften, die von Gott geschenkt werden, dass ich, ganz überwältigt, meine Hände wieder entfalte und alle diese empfangenen Ermutigungen und Bestätigungen zurück in seine Barmherzigkeit vertrauensvoll versenke. Mich tröstet dann sein Wort: »Was ich in dir angefangen habe, werde ich auch vollenden.« Und dieses Wort richtet sich auch an jeden, der diese Zeilen liest.

Lukas Ambraziejus SJ, München, geb. 1995

Der Gott meiner Freiheit
und Verantwortung

»Es standen mir mehrmals die Tränen in den Augen die letzten Tage. Ich bin einiges gewohnt und kenne viel, aber dies stößt wirklich an meine psychischen Kräfte. Was alles möglich ist in dieser Welt, überschreitet meine Denkkapazität. Menschen werden hier mit Füßen getreten, die MINUSCA schaut weg, und Menschenrechtsverletzungen werden noch nicht einmal dokumentiert, weil der Zugang zu den umkämpften Gebieten es nicht zulässt, Dörfer alle abgebrannt werden, die alten Menschen, die nicht mehr gehen können, werden in ihren eigenen Hütten verbrannt. Eine Katastrophe, die man sich nicht vorstellen kann. Sag mir bitte, wo ist unser Herrgott.«

Diese Frage stellt eine humanitäre Arbeiterin in der Zentralafrikanischen Republik in ihrer E-Mail an mich. Eine oft gestellte und schwer zu beantwortende Frage. Es ist weniger die Frage, wer Gott ist, sondern wo Gott ist. Vielleicht ist es besser, zu dieser Frage, die ein verzweifelter Schrei der leidenden Menschheit ist, zu schweigen. Die schreiende Gottesfrage hat viele Aspekte, und ich frage mich manchmal: Ist denn Gott immer dann verantwortlich, wenn wir Menschen diese Grausamkeiten und Katastrophen verursachen? Alles, was in der Zentralafrikanischen Republik geschieht, ist Menschen-gemacht. Gott – der abwesende Gott – wird als eine verzweifelte Erklärung herbeigezogen angesichts des völligen Versagens von Menschen in ihrer Freiheit. Wir Menschen halten den Abgrund der menschenmöglichen Barbarei nicht aus und brauchen wenigstens da noch den abwesenden Gott als Letztentschuldigung.

So verständlich diese Frage nach Gott sein mag, so bleiben Menschen – allein Menschen – verantwortlich für die vielen Gräueltaten und Unmenschlichkeiten, die anderen Menschen angetan werden. Es ist unsere gottgegebene menschliche Freiheit, die uns befähigt, so oder anders zu handeln. Wir sind verantwortlich für das, was wir tun oder nicht tun.

Gott bleibt für mich dieser Urgrund unserer menschlichen Freiheit und Verantwortung, der uns ernst nimmt in unserer Freiheit, auch wenn wir versagen und Unmenschliches tun. Aber gerade dort, in der menschlichen Katastrophe des völligen Versagens und der Eigenverschuldung des Menschen, ist Gott, der uns selbst in unserem Versagen auffängt. Da ist Gott in denen, die geschunden werden. Nirgendwo ist Gott mehr präsent als in den Leidenden, in den Gekreuzigten unserer Tage. Gott ist da im stummen Leiden. Aber wo ist der Mensch – der Mitmensch?

Peter Balleis SJ, Genf, geb. 1957

Gott – fern und nah

Der alte Mann mit wallendem weißem Bart fern oder über den Wolken – diese Erinnerung an Gott habe ich überhaupt nicht. Von (meist ungarischen) Sacré-Cœur-Schwestern religiös sozialisiert – Kindergarten und Grundschule im Kloster Riedenburg in Bregenz –, wurde ich anhand von großen, anschaulichen Schaubildern im Nazarenerstil mit Jesus vertraut gemacht: dem Heiler und Menschenfreund, dem Prediger und Meister, dem Freund. Auch wenn ich diese Tafeln heute kitschig nennen würde: Damals regten sie meine kindliche Phantasie an. So einer will ich auch sein – ein Jünger in der Nähe Jesu!

Gott spielte dabei keine große Rolle. Keine, an die ich mich erinnern kann. Das blieb lange so. Als Seminarist (1981/84) stand ebenfalls Jesus im Vordergrund. Bewusst wurde mir der Kontrast in den Gebeten, die sich an Gott richteten, etwa im Stundengebet, oder bei den Psalmen. Erst die Bibelschule in Nazareth und Jerusalem im Sommersemester 1984 brachte eine Horizonterweiterung: Am Sinai, auf dem Berg Horeb und im Katharinenkloster, fühlte ich mich – bei einem unglaublich klaren Sternenhimmel – Gott nahe: dem Schöpfer und Gestalter der Welt, auch wenn ich mich mitten in der Wüste vorfand. Die Psalmen, etwa Ps 8, begannen neu zu wirken. Ein Jahr später trat ich in Innsbruck in den Jesuitenorden ein.

Als mir mein hochverehrter Lehrer Walter Kern SJ empfahl, Karl Rahner SJ zu lesen, ihn selber, seine Texte, nicht Artikel über ihn, konnte ich anfangs mit dem »namenlosen«, »unergründlichen«, »schweigenden«, »fernen« Gott wenig anfangen. Das klang für mich zu abstrakt und zu unpersönlich – und kontrastierte stark mit meiner Heilig-Land-Erfahrung: mit den Augen Jesu sehen und staunen. Erst allmählich, zunächst eher auf der intellektuellen Schiene, entdeckte ich Gott – als »Gott meines Herrn Jesus Christus«. Dass ich mit Jesus dem Christus zusammen vor Gott stehe, zu Gott, dem Vater und Schöpfer, bete, dass ich mich wie Jesus verloren und von Gott verlassen fühlen kann – das brachte mich in die Nähe Gottes. Er war plötzlich fern und nah zugleich. Und weil ich das IHS als »Iesum Habemus Socium« (Wir haben Jesus zum Gefährten) lese, bedeutet mir die Stelle im Kolosserbrief sehr viel: in Jesus »das Bild des unsichtbaren Gottes« (Kol 1,15) vor mir zu haben. Oder Joh 14,9: »Wer mich gesehen hat, hat den Vater gesehen.«

Etwas kam dazu: Gebete und Meditationen, liturgische Texte, in denen Gott Attribute zugesprochen wurden, die ihn »verfügbar« machen wollen, unbewusst oder bewusst, stießen mich mit der Zeit zunehmend ab als religiöser Kitsch. Vielleicht ist das eine Alterserscheinung. Die »Gras-und-Ufer«-Romantik, so lautstark ich sie als Jugendlicher mitsang, erschien mir unerträglich. So einen Kuschel-Gott wollte ich nicht (mehr). Die beiden Tagebücher von Fridolin Stier (»Vielleicht ist irgendwo Tag« und »An der Wurzel der Berge«) lösten ein gewaltiges Aha-Erlebnis aus und ließen mich Gott neu entdecken – als den nahen, mir innerlicher als ich mir selbst, wie Augustinus sagt, und als den fernen, unantastbaren Gott zugleich.

Deswegen kann ich »Großer Gott, wir loben dich« mit derselben Ergriffenheit singen wie Huub Oosterhuis: »Seit Menschen leben, rufen sie nach Gott … Bist du der Gott, der Zukunft mir verheißt?«

Andreas Batlogg SJ, München, geb. 1962

Du führst mich hinaus ins Weite

Gott ist es, der mir den Mut schenkt, neue Schritte zu gehen. Das ist mein Glaube. Und so verstehe ich den Sinn meines Lebens: weiterzugehen.

Im Paradies zu leben, fest und immer am gleichen Ort – das hat dem Menschen nicht gutgetan. Seitdem ist die jüdisch-christliche Glaubensgeschichte voller Bewegungen: Abraham macht sich auf den Weg, Mose und das erste Volk Gottes und auch Jesus Christus, der Wanderprediger aus Nazareth. Wir Menschen sind für den Weg geschaffen, für die Veränderung und die damit einhergehende Entwicklung.

Zugleich bin ich manchmal müde: vom Tempo der Veränderungen und von der Mühe, weiterzugehen, wenn sich die Versuchung meldet, alles beim Alten zu belassen. Als anstrengend empfinde ich bisweilen die Aufmerksamkeit, die notwendig ist, um etwas Neues zu verstehen, oder um Menschen, die neu in mein Leben treten, gerecht zu werden.

Dann wird mein Glaube zum Gebet: Ich kann Gott ansprechen im Vertrauen, dass er sich schon immer mir zugewandt hat. Gott ist für mich nicht bloß ein Deutungsmuster für verschiedene offene Fragen oder Situationen. Deshalb habe ich mir über die Jahre in der Feier der Liturgie angewöhnt, die Gebete immer mit der direkten Anrede »Du, unser Gott« zu eröffnen.

»Du führst mich hinaus ins Weite« ist eine solche Anrede. Als mein Gebet ist es zugleich Bekenntnis und Selbstbeteuerung.

Seit drei Jahren lebe ich im Kosovo in einer kleinen, ständig sich verändernden internationalen Jesuitengemeinschaft und arbeite als Leiter unseres Schulverbundes. Vieles, was den Alltag, die Aufgaben und menschliche Begegnungen betrifft, ist unvertraut. So hatte ich mir mein Leben nie vorgestellt: Als ich vor fast 30 Jahren ins Priesterseminar eintrat und dann vor fast 20 Jahren ins Noviziat der Jesuiten, waren meine Perspektive und meine Vorstellungskraft erheblich begrenzter. Als ich vor gut zehn Jahren einwilligte, Internatsleiter in Sankt Blasien zu werden, konnte ich nicht ahnen, in welche Tiefen seelsorglicher Begleitung mich diese Aufgabe führen würde. Dass ich mich zum Abschluss meiner Ordensausbildung in Sri Lanka wiederfand, war so nicht geplant. Beworben hatte ich mich zuvor für Afrika. Deshalb ist »Du führst mich hinaus ins Weite« ein Bekenntnis. Eine Beteuerung ist es in den Momenten, in denen es sich in mir sträubt, schon wieder weiterzugehen und loszulassen, Gewohntes gegen Fremdes einzutauschen und Routine gegen Vortasten. Dann, wenn ich in Veränderungen noch nicht den guten Willen und die liebevolle Herausforderung Gottes erkennen kann.

Wenn ich nicht erstarre und nicht festhalten will, wenn es mir stattdessen gelingt, dem Mut zu trauen, den Gott mir schenkt, dann wird mein Leben lebendig. Dann kann sich Gott als der erweisen, der er ist: der Lebendigmacher, der mich aus der Begrenztheit meines eigenen Vermögens und meiner Vorstellungskraft in eine neue Weite führt. Das ist die Weite, in der Gott mich und uns leben sehen will. Davon bin ich überzeugt.

Nur selten zerrt er uns heraus aus der Enge, gegen unseren Willen. Dann kann es wehtun, auch das ist mein Glaube.

Treu zu bleiben, dass dieser Vers, »Du führst mich hinaus ins Weite«, immer mehr zum Gebet meines Lebens wird, dieses Bemühen finde ich mit anderen

Worten in den Erfahrungen meines Ordensmitbruders Alfred Delp. Das ist ein Satz, der Lust zum Glauben und zum Leben macht: »Wir müssen die Segel in den unendlichen Wind stellen, dann erst werden wir spüren, welcher Fahrt wir fähig sind.«

Axel Bödefeld SJ, Prizren (Kosovo), geb. 1969

Nimm dich nicht so wichtig!

»Friede sei mit euch!« Mit diesen Worten grüßt Jesus seine Jünger nach der Auferstehung. Auferstehung und Frieden – sind dies Realitäten, die wir in unserem Leben wahrnehmen? Immer wieder ringe ich mit Gott. Die Evangelien berichten davon, dass sich die Jünger bei dem Gruß Jesu fürchten; sie spüren scheinbar nichts von diesem Frieden. Sicherlich existiert in vielen Menschen eine Sehnsucht nach Frieden. Doch ist sie eine Realität? Der Blick in die Welt ist ernüchternd: Terroranschläge, Gewalt, Verfolgung etc. Gegenüber all dem wirke ich klein und ohnmächtig. Was kann ich schon tun?

Als Priester bin ich auch zu Menschen gesandt, die keinen inneren Frieden haben, und ich muss immer wieder feststellen, wie ohnmächtig ich bin, wie ich an meine Grenzen komme. Was kann ich schon? Der Orden hat mir die Chance gegeben, viel zu studieren, und ich habe sie genutzt. Und doch fühle ich mich hilflos. Ich begegne vielen verschiedenen Menschen: Einige haben psychische Probleme oder sehen keinen Sinn in ihrem Leben, andere haben Zukunftsängste, sei es, wie es in Deutschland weitergeht, sei es, ob sie einen Arbeitsplatz finden, wieder andere leiden unter materieller Not.

Selbst bei der Feier der Sakramente komme ich immer wieder an meine Grenzen. Ich feiere die Eucharistie und bemerke beim Sprechen der Wandlungsworte, dass ich etwas tue, was mich vollkommen übersteigt. Ich höre Beichte, versuche etwas Gutes zuzusprechen und bemerke, wie mich die Worte der Absolution übersteigen. Christus ist auferstanden! Der Friede sei mit euch! Das Glück dieser Aussagen kann ich so oft nicht fassen. Die Menschen, zu denen ich gesandt bin, stoßen an ihre Grenzen. Ich stoße an meine Grenzen und bin ohnmächtig, hilflos.

Da sage ich zu mir selbst: Nimm dich nicht zu wichtig! Im Anschluss an die Auferstehung Christi ziehen Petrus und Johannes umher. Sie treffen einen gelähmten Bettler. Petrus und Johannes haben kein Silber und kein Gold. Aber sie verkünden das Evangelium Christi und Petrus sagt: »Im Namen von Jesus von Nazareth: Steh auf und geh!« Ebenso kommt es nicht auf mich an, sondern auf Christus, in welchem allein die Vollendung zu finden ist.

Es kommt nicht auf mich an, es ist Gott, der in den Sakramenten wirken muss und selbst seine Gegenwart offenbart. Es kommt nicht nur auf mich an, wenn mir in Gesprächen Menschen ihr Leid klagen. Gott muss wirken; er ist es, der den inneren Frieden schaffen muss.

Sicher: Ich bin gerufen, Zeugnis zu geben und Christus in meinem Leben, meiner Arbeit nicht zu verleugnen und das Evangelium zu verkünden. Ich bin gerufen, bei den Menschen zu sein, um Sorgen und Nöte mit den Menschen zu teilen. Ich bin gerufen, mit den Menschen Glaube, Hoffnung und Liebe zu teilen. Ich bin gerufen, meinen Dienst in Treue zu verrichten.

Das Glück der Auferstehung ist dabei für mich: Es kommt nicht so sehr auf mich an – Christus selbst verheißt den Jüngern den Heiligen Geist, der es richten muss! Es kommt auf den Heiligen Geist an! Er muss den Frieden schaffen, er muss in den Sakramenten und in den Menschen wirken. Es ist Gott, der in das Herz der Menschen einzieht und sie verwandelt. Hiervon darf ich häufig voll Freude Zeuge sein.

Christian Braunigger SJ, Leipzig, geb. 1980

Wenn ich Gott sage ...

In meiner Studienzeit las ich das Buch eines französischen Dominikaners mit dem Titel: Quand je dis Dieu ... Wenn ich Gott sage ... Dieser Buchtitel mit seiner offenen Frage hat mich seither begleitet. Ich habe sie lebensgeschichtlich immer anders beantwortet. Meine Antwortversuche nahmen unterschiedliche Farben an und meine konkreten Lebensperspektiven auf. Die Frage hat ja zwei Seiten: Wann fällt Gott ins Leben ein, und wie sieht das Leben aus, wenn ich Gott sage?

Ich möchte mit drei französischen Wörtern umschreiben, was mir bedeutsam geworden und geblieben ist.

– Naissance: Geburt. Das Faktum, geboren zu sein, lässt sich rational nicht einholen. Entbunden werden, zur Welt kommen und als Erdenbürger in eine Familie, in eine historische Zeit und an einem Ort geboren und dort begrüßt worden zu sein. Diese »Vorgabe« des Lebens verbinde ich mit Gott, gerade auch in ihrer Dimension jenseits aller Kausalitäten. Lebenslang werde ich nun vor der durchaus auch schwierigen Herausforderung stehen, was Romano Guardini einmal die Annahme seiner selbst nannte. Wenn ich Gott sage, dann glaube ich daran, dass ich bei aller Tatsache des Geborenseins mich damit in eine Dimension der Gnade und der Verheißung stellen darf, trotz allem. Es ist recht so, dass es mich gibt.

– Renaissance: Wiedergeboren werden und neu anfangen zu dürfen, trotz aller Sackgassen und Verstrickungen des Lebens. Diese Ermutigung zum Wieder- und Neugeborenwerden verbinde ich mit den Versen aus Psalm 18: Er führte mich ins Weite ... Mit dir überspringe ich Mauern. Im Gespräch mit Nikodemus abseits der Straßen und in der Nacht spricht Jesus vom

Wiedergeboren-werden-von-oben. Dazu bedarf es der göttlichen Ermutigung und auch des glaubenden Übermutes.

- Reconnaissance: Das Französische verbindet in diesem einen Wort die Bedeutung von Einsicht und Dankbarkeit. Diese Verbindung liegt wohl nahe, wenn man älter wird: die Einsichten in das Leben auch in seinem irreversiblen Charakter in den übergreifenden Zusammenhang der Dankbarkeit zu stellen. Von Hans-Magnus Enzensberger gibt es ein Gedicht mit dem Titel: Retour à l'expéditeur: Zurück an den Absender. Der Brief des Dankes findet seinen göttlichen Adressaten nicht. Wenn ich Gott sage …, dann glaube und vertraue ich, dass es den Adressaten meiner Lebensbriefe gibt, einen barmherzigen Gott, der sie annimmt mit den klaren Zeilen, auch mit den krummen Zeilen, mit der Geheimschrift und den Palimpsesten, die mir selbst oft nicht durchschaubar sind.

Reconnaissance: Was bleibt, wenn ich geworden sein werde? Wenn ich dann Gott sage, halte ich eine letztgültige Antwort offen und erinnere mich an die Mutation des Lebens ins Futur II: Wenn ich geworden sein werde.

Es gibt eine anrührende und auch streitbereite Passage in einem Brief von Hannah Arendt an ihren ehemaligen Geliebten, den Philosophen Martin Heidegger, über die Liebe und das Futur II: »Volo ut sis: kann heißen, ich will, dass du seiest, wie du eigentlich bist, dass du dein Wesen seiest. Aber kann das nicht auch Herrschsucht sein, die unter dem Vorwand der Liebe das Wesen des anderen zum Objekt des eigenen Willens macht? Es könnte aber auch heißen: Ich will, dass du seiest, wie immer du auch schließlich gewesen sein wirst. Nämlich wissend, dass niemand ante mortem der ist, der er ist, und darauf vertrauend, dass es gerade am Ende recht gewesen sein wird.«

Augustinus spricht in seinen Bekenntnissen seine Gotteserfahrung einmal so aus: Quaestio mihi factus sum. Vor dir bin ich mir zur Frage geworden. Ich glaube, er hat verstanden, worum es auch bei mir geht, wenn ich Gott sage.

Hermann Breulmann SJ, Berlin, geb. 1948

Wir und Gott: nüchternes Feststellen und jubelnder Dank

1. Immer schon fragten und klagten viele Menschen: Weshalb hilfst du mir nicht, Gott? Weshalb mir so wenig und anderen mehr? Wofür soll ich dir überhaupt danken? Zahlreiche Menschen, die tiefgründig ihre Zeit und Gesellschaft untersuchten, zogen den Schluss, dass Gott sich nicht um sie kümmert, entweder weil er sich erhaben über seine Schöpfung fühlt oder weil er tief enttäuscht über seine Geschöpfe ist, ja, dass er sich tieftraurig über uns Menschen wegen unserer Sünden von uns trennte.

Menschen beschlossen deshalb, sich von Gott zu befreien, um bloß für sich selbst zu leben und nur noch vor sich selbst Rechenschaft ablegen zu müssen. Manche leugneten die Existenz eines Gottes überhaupt.

2. Wie will ich, der ich weiterhin bewusst und gewollt Christ bleiben will, darauf antworten? Meine im Gebet und im Verlangen nach Wahrheit errungene, zugleich bereits vor Jahrhunderten errungene Antwort lautet:

Gott Vater erschuf in Liebe zu seinem Sohn und zum Heiligen Geist diese Welt und stellt an deren obersten Platz den mit und zur Freiheit begabten Menschen und liebt ihn.

Gott fordert und fördert wiederum die Liebe des Menschen in den drei Richtungen: 1. zu sich, Gott, 2. des Menschen zum Menschen und 3. des Menschen zu sich selbst. Diese dreifache Ausrichtung lässt uns erkennen: Gott verzichtet bewusst und gewollt aus Liebe zu uns darauf, vorrangig verehrt zu werden, wenn bloß die Menschen, z.B. die Mitglieder eines Staates, sowohl einander wie sich selbst lieben und untereinander für Freude, Frieden und das Gemeinwohl sorgen. Gott bevorzugt insofern das Geschöpf vor sich selbst!

Und so wie Gott von sich selbst absieht und auf seine Verehrung – und sogar um unseretwillen auf das irdische Weiterleben seines Sohnes – verzichtet, so soll je nach Situation auch der Mensch auf eine ihm von Menschen entgegenkommende Liebe verzichten können. Mit ehrfürchtigem Stolz kann uns dies erfüllen!

3. Also: Gott sah sich und sieht sich nie durch eine Sünde zum Rückzug und Ausstieg aus dieser Liebesbeziehung veranlasst, sondern liebt vielmehr ununterbrochen und unvermindert stark die Menschen, ja einen jeden Menschen, auf jedem Schritt und in allen seinen Beziehungen. Und Gott leidet mit, wenn Menschen sündigen und andere an deren Sünden leiden müssen.

Daher sollen wir Menschen eine so starke, souveräne Liebe, also die Gottes zu uns, von unserer Seite aus erwidern und IHN ehren, ja verehren! Allein solche Gegenseitigkeit trägt zu unserem Wohlbefinden – und Heil – bei.

4. Die von Menschen aufgestellte Lehre, dass sich Gott aus Trauer über uns zurückzog, ist unrichtig. Allerdings überträgt Gott sein unmittelbares Wirken zumindest im politischen Zusammenleben von sich auf die Menschen; ER bleibt selbstverständlich, vermittelt durch Menschen, höchst verantwortlich!

Gott zog sich also weder aus Abneigung zu uns noch aus Zorn über uns zurück, sondern aus tiefer Zuneigung zum Menschen, der als freies Wesen geschaffen ist, um sich in freiem Handeln seinem Ziel, dem wahren Menschsein, anzunähern. Menschliches Handeln soll die Schöpfung ihrer Vollendung näherbringen und sie verantwortlich zum Guten, Schönen und gerechten

Leben ausgestalten. Und jedes Handeln soll Gott zur wahren Ehre gereichen.

5. Somit lässt sich die von kritischen Zeitgenossen angestrebte Verantwortung auch – und eigentlich nur! – erreichen und anzielen, wenn wir mit Gott, dem Schöpfer, zusammenleben wollen. Unser Ziel bleibt: Gott, den Schöpfer und Erlöser, zu ehren, zu verehren und in Freiheit zu lieben. Gott hilft zugleich unermüdlich, dass wir Schritt für Schritt, Tag für Tag auf dem Weg zu ihm vorwärtskommen, um dieses Ziel, also IHN selbst, zu erreichen.

Schluss:

1. Wer Gott aus der Welt und zu Verzichten drängen will, soll wissen, dass und weshalb Gott sich selbst enorm zurückzieht und verzichtet.

2. Wenn der Mensch sich selbst verliert oder verneint, so hilft Gott, dass der Mensch sich wieder findet und zu bejahen vermag.

3. Wer Gott töten will, soll wissen, dass Gott seinem einzigen Sohn schmerzlichst den Weg zu den Menschen freigab, die fähig zum Töten waren.

4. Wo der Mensch für sich Vorteil, allenfalls Gerechtigkeit fordert, schenkt Gott sich selbst und heilt den Menschen aus Krankheit, Selbstbetrug und Versklavung.

Norbert Brieskorn SJ, München, geb. 1944

Mein Gott für die anderen

Begegnet bin ich Kathrin bei einem Kurs für Kran-
kenpflegeschülerinnen. Sie war keine Christin, aber
ein sehr offener, freundlicher Typ. Irgendwann fragte
sie mich: »Pater, neulich wollte ich das Zimmer eines
Sterbenden verlassen, da hielt mich der Mann fest,
schaute mir in die Augen und sagte: Schwester, Sie
glauben doch auch an den Himmel!« Und Kathrin erzählte mir, dass ihr Gott und Himmel eigentlich fremd
sind, dass sie diesem Sterbenden aber sehr spontan gesagt hatte: »Ja, ich glaube auch an den Himmel!« Und
ihre Frage an mich: »Habe ich da gelogen oder war
meine Antwort richtig? Wie sehen Sie das?«
Ich denke immer mal wieder an Kathrin, ihre Antwort
an den Sterbenden und ihre Frage an mich. Denn es
geht mir oft ähnlich, etwa wenn ich Eucharistie mit
Menschen feiere, die mir wichtig sind. Da müsste ich
manchmal während des Hochgebetes aufhören und
den Freunden sagen: Lasst mich mal nachdenken, ob
ich an all das glauben kann und auf diesen Jesus, sein
Leben und seinen Tod und Gottes Barmherzigkeit
wirklich vertrauen darf oder ob das alles nur dahinge-
sagt ist und nicht von meinem Glauben getragen wird.
Aber ich bin gerade dann froh, dass ich eingebunden
bin in eine liturgische Handlung, die Eucharistiefeier,
in ein Hoffen der anderen Menschen, die mich in all
meinen Fragen und Unwägbarkeiten mitnehmen in
ihren Erwartungen. Ich lasse mich dann darauf ein, für
die anderen an Gott zu glauben, auch wenn mein eigener Glaube oft fraglich bleibt. »Für die anderen!« –
das ist mein Gottesbild. Für sie möchte ich glauben
dürfen; für sie will ich eigentlich das leben und sein,
was ich bin.

»Glauben heißt die Unbegreiflichkeit Gottes ein Leben lang aushalten«, sagt Karl Rahner. Diesen Satz haben diejenigen, die das Gotteslob, das katholische Gesangbuch, zusammengestellt haben, ausgerechnet unter das Lied »Großer Gott, wir loben dich« geschrieben. Ich selbst würde wahrscheinlich formulieren: »Herr, ich bin froh, dass ich für andere an dich glauben möchte, über alle Fragen und Nöte hinweg. Hilf du meinem Unglauben, damit mein Vertrauen auf dich wahrhaftig ist und den anderen hilft, einen lebendigen Glauben zu haben.« – Für die anderen!

Aber es gibt auch Momente in meinem Leben, die sich mir anders darstellen: Wenn ich nach mühsamen Wegen auf einen Gipfel gestiegen bin und unter mir vielleicht der Nebel liegt, der manches verbirgt, über mir ein blauer Himmel und um mich herum die vielen anderen Gipfel der Alpen, die sich aus dem Nebel wie Inseln erheben, dann ist es für mich ganz einfach, im Herzen zu singen: »Preist den Herrn, ihr Berge und Hügel, lobt und rühmt ihn in Ewigkeit. Preist den Herrn, ihr Meere und Flüsse, lobt und rühmt ihn in Ewigkeit« (Dan 3,75.77).

All dies – die Nöte und Zweifel, »der Gott für die anderen« und das Lob der Schöpfung – gehören in meinem Herzen zu »meinem Gott für die anderen und für mich«.

Jörg Dantscher SJ, Nürnberg, geb. 1941

Du, mein Gott

Du Gott meiner Kindheit

Am frühen Morgen durch die wogenden Weizenfelder zur Schule. Der blaue Himmel und die leuchtende Sonne lassen mir das Herz aufgehen. Schweigen geht gar nicht. Also singe ich dir mit lauter Kinderstimme – es hört mich ja keiner! –, was ich zuhause gelernt habe: »Der Tag ist aufgegangen, Herr, Gott, dich lob ich allezeit. Dir sei er angefangen, zu deinem Lob bin ich bereit ...« Oh, wie ich dieses Gotteslob in der Natur geliebt habe – und immer noch liebe. Dir, dem »Herrgott« – so hießest du bei uns –, bin ich zunächst in der Schöpfung begegnet. Und dort habe ich dich immer wieder neu gesucht – und oft leicht und jubelnd gefunden. Dort hast du mich später »hinausgeführt in die Weite«, wann immer es mir eng war, mir alles oder alle auf die Nerven gingen.

Du Gott meiner Jugendjahre

So vollmundig ich dich als Kind gepriesen hatte, mit dem Stimmbruch wurde ich unsicherer, verschlossener und schweigsamer. Das Auf und Ab der Gefühle, das erstmalige Erspüren von Freiheit und Verantwortung für gute und, ja: schlechte Taten – wohin sollte ich mich wenden mit all dem? »Jugend vor Gott«, dieses Buch eines Jesuiten, das mit seinen Gebeten, Gedichten und Bildern eine ganze Generation katholischer Jugendlicher geprägt hat, hat auch mich begleitet. Es hat mir geholfen, dich als einen aufmerksamen, verständnis- und liebevollen Gesprächspartner an meiner Seite zu entdecken. Du hast meinen Blick auf dich und dein Wirken geweitet, aber mir auch die Tiefe meines Inneren und meine Aufgabe in der Welt erschlossen.

Du Gott meiner Lebensmitte

Im Heiligen Land, in der Wüste Sinai, begegnete ich dir auf neue Weise. Dort sprachst du zu mir mit einer »Stimme verschwebenden Schweigens« (Martin Buber), die mich betört und begeistert, ohne die ich mich kaum auf den Weg der Nachfolge deines Sohnes begeben hätte.

Mit dem Alter steigen die Verantwortung und das Risiko, mich, der ich scheinbar unersetzlich bin, im Aktivismus zu verlieren. Da begegnest du mir im Strudel der Wasser als der, um den allein sich alles dreht. Da erblicke ich dich, wo ich zu versinken drohe, am Ufer als der rettende Hafen. Dass ich deine Gegenwart, aus welchem Grunde auch immer, heute weniger spüre als früher, ist wahr. Aber dann bricht es plötzlich aus mir beschwörend heraus: »Du in mir und ich in dir.« Manchmal sind es genau diese Worte, die »den Schalter umlegen« und mein Leben plötzlich und unerwartet in einem anderen Licht erscheinen lassen.

Du Gott meines Alters

Du, Jesus, sollst der Gott meines Alterns sein. Fast täglich denke ich ans Sterben, stets auf der Suche nach einer end-gültigen Perspektive für mein Leben. Mich begleitet seit über 20 Jahren das Gebet eines jung verstorbenen spanischen Jesuiten namens Isidro, der im klaren Bewusstsein seines nahen Endes dich, seinen Freund und compañero Jesus, bat:

»Wenn dein Weg an meinen Füßen vorbeigeht,
sag mir, wohin wir gehen.
Gib, dass ich mich in deine Hände fallen lassen kann,
in deine Augen schauend,
um zu erkennen, dass der Vater ein so mitfühlendes Herz
hat wie das deine.
Und wenn du überraschend kommst,
gib mir Zeit, deine Hände zu erkennen,
deinen Weg und deine Augen,
auf dass die Unruhe mich nicht verwirren möge.«

Stefan Dartmann SJ, Rom, geb. 1960

GOTT – abwesend und gegenwärtig

Wenn von Gott die Rede ist, dann befällt mich manchmal großes Unbehagen. Werden wir in unseren Glaubensgesprächen und Bibelrunden, in unserer Theologie, in unserer kirchlichen Praxis und Verkündigung dem Geheimnis Gottes auch nur annähernd gerecht? Können wir ihm jemals gerecht werden? Vor Gott muss man eigentlich verstummen, kein Begriff und kein Bild können ihn einfangen. Andererseits denke ich mir, dass gerade heute, in der Zeit einer abgründigen »Gotteskrise«, neu von Gott gesprochen werden muss: klar, eindeutig und überzeugend.

Für mich ist die Unterscheidung Martin Luthers zwischen dem verborgenen und dem offenbaren Gott sehr wichtig geworden. Wenn ich in die Welt blicke, dann sehe ich nichts von Gott, weil Gott kein Teil dieser Welt ist. Gott ist vollkommener als alles, was ich denken oder erfahren kann. Ich stutze immer ein wenig, wenn von den unterschiedlichsten Gotteserfahrungen berichtet wird oder wenn man sich auf den Willen Gottes beruft. Kann man einen Gott, der »in unzugänglichem Licht wohnt« (1 Tim 6,16), so ohne weiteres erfahren? Was ich erfahre, ist eine Welt, die wunderschöne und auch ganz schreckliche Seiten hat; eine Welt, die eigentlich absurd ist, jedenfalls aber ambivalent, und gerade in ihrer Ambivalenz auf ein unbegreifliches Geheimnis verweist, das mir jedoch völlig unzugänglich bleibt. Ich denke mir, dass nichts ohne Gott sein kann, dass alles von ihm abhängig ist. Aber dieser Gedanke ist für sich genommen in keiner Weise tröstlich, weil er mich nur dem verborgenen Gott ausgeliefert sein lässt. Für mich heißt das, unter dem

»Zorn Gottes« zu stehen. Und das ist keine harmlose Angelegenheit.

Erst vor diesem dunklen Hintergrund gewinnt die Botschaft Jesu ihre wahre Bedeutung: Jesus Christus, und er allein, offenbart die Gegenwart des verborgenen Gottes. Durch Jesus habe ich Zugang zu Gott und kann zu ihm beten, also auf sein Wort antworten. Im Evangelium wird mir zugesagt, dass das Geheimnis der Wirklichkeit mich mit unendlicher Barmherzigkeit umfängt, und nicht nur mich, sondern die ganze Welt. Jesus, der Sohn, offenbart den Vater und nimmt die Menschen hinein in seine Beziehung zum Vater; eine Beziehung, die von Ewigkeit her besteht und nur im Glauben erkannt werden kann, eine Beziehung, die selber Gott ist, der Heilige Geist. Nur in einem trinitarischen Verständnis ist Gemeinschaft mit Gott sinnvoll aussagbar. Gott lässt uns geborgen sein in einer Gemeinschaft mit ihm, gegen die nichts in der Welt ankommt, nicht einmal der Tod. Darauf will ich mein Vertrauen setzen. Und dieses Vertrauen kann ich mit Vernunft und Erfahrung weder begründen noch widerlegen. Doch in diesem Vertrauen erscheint dann auch die Welt in einem neuen Licht, nicht mehr als ein Gleichnis der Abwesenheit Gottes, sondern als ein Gleichnis seiner Gegenwart. In diesem Vertrauen werde ich anders leben: menschlicher, freier, mutiger. Ich muss nichts in der Welt vergöttern. Ich muss an der Welt nicht mehr verzweifeln.

So lebe ich irgendwie in der Spannung zwischen dem verborgenen und dem offenbaren Gott. Der Gaube, das Vertrauen auf Gott, ist bei mir häufig angefochten. Bis jetzt gab es aber immer wieder auch die Erfahrung, dass gerade die Anfechtungen mich auf Gott verweisen. Ich hoffe, dass das so bleiben wird. Was mich stets tröstet, ist der Gedanke, dass letztlich nichts von mir abhängt.

Robert Deinhammer SJ, Innsbruck, geb. 1977

Das sich entäußernde Geheimnis

Gott war für mich immer – und so ist es noch heute – ein liebender Vater mit auch mütterlichen Zügen. Doch durch welche Art von Beziehung ist dieses Bekenntnis gefüllt? Im Rückblick weiß ich, dass die Beziehung zu Gott viele Jahre die Beziehung zu meinen Eltern in idealisierter und ins Unendliche projizierter Form (gewesen) ist. Ich fühlte ihn in der Beziehung, kannte ihn, erwartete von ihm, was ich ebenso von meinen liebevollen und fürsorglichen Eltern erwartet habe. Länger allerdings blieb mir verborgen, dass ich auch den Leistungsanspruch meiner Eltern an mich in Gott hineinprojiziert habe. Mein Gott und Vater war de facto ein Leistungsgott, der entsprechend bedient werden wollte, ohne Rücksicht auf seinen Gläubigen. Die Entlarvung dieses Gottes brauchte länger: Er saß mir quasi in jeder Körperzelle, und ich konnte sowohl meine jesuitische Spiritualität als auch die vielen Vorbilder und Imperative im Neuen Testament nur als Leistungsanspruch verstehen, so dass diesem Leistungsgott ständig neue Nahrung zugeführt wurde. Es bedurfte einer langen Phase des Nicht-mehr-Könnens und irgendwann so auch Nicht-mehr-Weiterwollens, um zu verstehen, dass die »Leistungen« Jesu und der Heiligen nicht zuerst ihrem Willen und eigener Kraft entspringen, also nicht Gewalt gegen sich selbst sind, sondern eine Frucht des Wirkens Gottes, so dass sie das Wenige, was zu tun war, von Gott empfingen und in einer gewissen Leichtigkeit, Gelassenheit und Absichtslosigkeit (Indifferenz) in ihm ausführen konnten.

Lebenskrisen auf der einen und das Gebet auf der anderen Seite haben mich gelehrt, dass Gott in ganz an derer Weise liebender Vater ist, als meine Eltern es waren. Ohne ein halbwegs treu durchbetetes Leben wird es schwierig sein, das Vorschussvertrauen und die Vorschusshoffnung aufzubringen, die es ermöglichen, alles, was das Leben bringt, Gutes und eben auch Schlechtes, anzunehmen und zu durchleben. Das bedeutet, auch die Gefühle, die z.B. Verluste, Enttäuschungen, Scheitern, Krankheiten usw. mit sich bringen, im Bewusstsein da sein zu lassen, soweit möglich weder in Verdrängung noch in Ablenkung zu fliehen noch Pseudolösungen zu inszenieren: Einen solchen nicht gesuchten Gang durch das »finstere Tal« (Ps 23) dessen, was das Leben einem zumutet, verstehe ich als Kreuzesnachfolge im Sinne Jesu. Ein solcher Weg läutert jedoch das Herz, reinigt den Geist von seinen verkehrten (Gottes-)Vorstellungen und Erwartungen und lehrt ein Wissen auch von Gott, das anders nicht zu erlernen ist; er gründet die Identität eines Menschen neu als Kind Gottes; Glaube, Hoffnung und Liebe bekommen Leben, denn die Person wird angeschlossen an die Trinität, die in ihr Wohnung nimmt.

Zwei Grundzüge Gottes, dieses Inbegriffs der Liebe, der »seine Sonne aufgehen lässt über Bösen und Guten und regnen lässt über Gerechte und Ungerechte« (Mt 5,45), sind für mich immer mehr in den Vordergrund getreten: Das eine ist die *Entäußerung*, das Leerwerden von sich selbst, die Dahingabe seiner selbst; sie gehört zum Innersten jenes Gottes, den Jesus als Vater allen offenbart, die sich auf dem Weg des Kreuzes zur Auferstehung führen lassen. Das andere: Gott bleibt das *unergründliche Geheimnis*. Das Wissen über ihn, sofern es aus Erfahrung kommt und nicht nur gedacht ist, bleibt nichtwissend. Das Große, das er uns auf dem Wege des Leerwerdens schenkt, hat kein Auge gesehen und kein Ohr gehört, es ist keinem Menschen in den Sinn gekommen (1 Kor 2,9). Gott ist weiterhin der, den kein Mensch je gesehen hat (Joh 1).

Bertram Dickerhof SJ, Hadamar-Oberzeuzheim, geb. 1953

Gott, mein Gott bist du, dich suche ich

»Gott, mein Gott bist du, dich suche ich …« So beginnt der Psalm 63, und Vers für Vers ist gefüllt von der Sehnsucht nach Gott. Es ist für mich ein wichtiger Gebetsruf. Was mir in meiner Jugend ein starker Ausdruck von Glaube und Lobpreis war, ist im Alter nicht mehr so selbstverständlich.

Manchmal steigen Wellen von Zweifel in mir auf, wenn ich sehe, wie die schwedischen Massenmedien wichtige Informationen über Kirche und Religion totschweigen; wenn Persönlichkeiten des öffentlichen Lebens bekennen, dass für sie Glauben und Beten uninteressant sind. Aber auch wenn ich Texte im Alten Testament lese, die Gott als nationalen Beschützer oder als eifersüchtigen himmlischen Alleinherrscher darstellen. Dann versuche ich, darüber hinwegzulesen und andere, geistliche Aussagen über Gott zu finden. Manchmal spreche ich mit Gemeindemitgliedern, die an Privatoffenbarungen, wundertätige Medaillen oder Gebetsserien mit Garantien für den Himmel glauben. Hat das etwas mit Christentum zu tun? Ist mein Glaube vielleicht auch so leicht mit Wunschdenken oder Illusionen zu erklären? Wer ist Gott für mich? Die Spannung zwischen zwei Polen. Auf der einen Seite ist er das Geheimnis jenseits aller Vorstellungen, der je größere Gott. Er hat das Universum und damit Raum und Zeit geschaffen. Deswegen ist er nicht begrenzt von den raumzeitlichen Dimensionen, die all unser Denken bestimmen. Gott erhält alles im Sein, und er ist gleichzeitig mit Big Bang, mit dem jetzigen Augenblick und mit dem kommenden Untergang des Kosmos. Ohne Anfang und Ende. Unvorstellbar. Und doch eine Erfahrung mancher Mystiker.

Auf der anderen Seite ist Gott »Abba«, »unser/mein Vater«, in der Verkündigung Jesu. Ein Gott, der barmherzig ist, der uns kennt und liebt. Jesus Christus selbst ist das Abbild des unsichtbaren Gottes. An ihm sehen wir, wie Gott handelt und denkt. Und die Botschaft Jesu kreist immer um Gott. Es ist bezeichnend, dass das erste und letzte Wort Jesu (im Lukasevangelium) seinen himmlischen Vater nennt: »Wusstet ihr nicht, dass ich in dem sein muss, was meinem Vater gehört?« – »Vater, in deine Hände lege ich meinen Geist.«

Gott als der Absolute und Gott als der Vater gehören zusammen. Wenn er nur »der liebe Gott im Himmel« ist, liegt die Gefahr der Projektion nahe, dass man einen Tröster und Helfer braucht, einen Papa, der nur lieb sein kann. Und wenn man nur an die Unbegreiflichkeit Gottes denkt, ist es schwer, eine persönliche Beziehung mit ihm zu finden. Beide Aussagen sind notwendig für mich, um nicht zu kindlich oder zu abstrakt von Gott zu denken. Es sind, bildlich gesprochen, zwei Pole mit einer Spannung, die Energie, Licht und Wärme im geistlichen Leben erzeugen.

In unserer säkularisierten Gesellschaft ist es für mich nicht immer leicht zu glauben. Ich höre das Klagen des Psalmisten, das ständig im Leiden der Menschheit wiederholt wird. Und vor allem sehe ich Jesus Christus, ausgeliefert am Kreuz, der zwischen Erde und Himmel hängend mit ausgestreckten Armen alle Menschen umfasst: ein Bild der totalen Liebe Gottes. Er ist in die tiefste Dunkelheit gesunken, als er schrie: »Mein Gott, mein Gott, warum hast du mich verlassen?« Dieses Glaubensbekenntnis trotz allem wird immer meinen Glauben an Gottes Mysterium bewahren.

Klaus Dietz SJ, Stockholm, geb. 1941

Der Gott meines Alters hat mich mit dem Gott meiner Jugend versöhnt

Wie die Berge meiner Heimat, so war der Gott meiner Jugend. Die Berge waren mein Horizont, die Grenzen meiner Welt, mein Zuhause, meine Zuversicht. Fern von »meinen« Bergen fühlte ich mich verloren. Aber sie bedeuteten auch eine gewisse Bedrohung.

So war auch der Gott meiner Jugend eine wohlwollende und zugleich anspruchsvolle Präsenz: Nähe und Ferne, Geborgenheit und Gefahr! Bei ihm durfte ich die Geborgenheit erfahren, die ich benötigte, aber auch die Strenge, die in mir Angstgefühle erweckte. Zu diesem Gott gehörte sicher die ganze Schönheit des Weltalls, die herrliche Natur, die Majestät der Alpen, der Wechsel der Jahreszeiten, der Gang der Weltgeschichte. Bei ihm musste ich auch die Rechtfertigung meines ersten traurigen Erlebnisses suchen, d.h. des Todes meiner zweijährigen kleinen Schwester. Gott, der alles gibt und der alles zurücknimmt. Gott als das Absolute, der geheimnisvolle Grund, aus welchem jedes Geschöpf Existenz, Stabilität und Gewicht bekommt. Gott, geliebt und gefürchtet! Gott, zugleich geheimnisvolles Dasein und Furcht erweckende Ferne, der trotzdem der liebe Gott genannt wurde. Ein Gott, den ich seinerzeit immer mit einem gewissen Schuldgefühl erlebt habe.

Wie ein Gipfel im Nebel allmählich verschwimmt, so ist auch für mich der Gott meiner Jugend verschwommen. Ungewissheiten, Zweifel, Fragen sind aufgetaucht. Ist dieser Gott wirklich eine Person, mit der ich in eine persönliche Beziehung eintreten kann? Ist er ein Gesprächspartner, dem ich wage »Du« zu sagen? Ist er eher die Übertragung anthropomorpher Einbildungen, die Personifizierung der Kräfte und der Energien, die die Entstehung der Welt rechtfertigen? Oder ist er nur die Art und Weise, sich die Transzendenz vorzustellen? Gott als Rätsel, an dessen Lösung sich Religionen und Mythologien vergeblich abmühen. Als ich mich über diesen Abgrund zitternd beugte, war ich – und bin heute noch – fasziniert und zugleich schwindlig. »Le silence éternel de ces espaces infinis m'effraie« (Das ewige Schweigen dieser unermesslichen Weiten erschreckt mich; Pascal).

Wie ein Pfad durch die Nebel zum verschwundenen Gipfel führt, so kam Jesus als Weg (Joh 14,6). Ein Weg, der zugleich Ziel ist. Jesus, das menschliche Antlitz Gottes: »Niemand hat Gott je gesehen. Der Einzige, der Gott ist und am Herzen des Vaters ruht, er hat Kunde gebracht« (Joh 1,18). Mit ihm und in ihm gehört Gott zur Geschichte der Menschheit, zu meiner Geschichte. Die ständige Betrachtung seines Lebens und seiner Lehre erfüllt alle meine Sehnsüchte nach Radikalität und Ewigkeit. Alles, was ich vom Gott ahne und über Gott höre, hat sich in diesem menschlichen Schicksal verwirklicht. Nicht der Gott der Philosophen, sondern der Gott der Offenbarung, der das Elend seines Volkes sieht, die Klage der Armen hört und der gnädig und barmherzig in die Geschichte der Menschheit herabgestiegen ist (Ex 3,7–8).

Jesus der Heiler, der Freund der Sünder, der eigenmächtig lehrt, der alle die Leiden und Krankheiten der Menschheit genommen und getragen hat (Mt 8,17), hat mich mit dem Gott meiner Jugend versöhnt. Als Wort Gottes und Wort über Gott hat er mir die geheimnisvolle Gegenwart offenbart. Sie heißt »Vater«: »Wer mich gesehen hat, hat den Vater gesehen« (Joh 14,9). Es handelt sich nicht um eine väterliche Instanz im freudianischen Sinn, von der ich mich befreien soll. Er ist dieser Vater, der selber Geborgenheit, Zuversicht, Fürsorge, Geduld ist. Zu ihm gehört die barmherzige Liebe nicht als Tugend, sondern sie ist sein eigenes Wesen.

Die Evangelien und die »Nachfolge Christi« sind meine Lieblingsbücher geworden und geblieben, ständig gelesen und nachgeschlagen, wie damals die Kletterführer beim Bergklettern. Die Exerzitien haben mir geholfen, meine Beziehung zu Jesus zu strukturieren. Die ignatianische Pädagogik hat mich ermutigt, die immer wieder drängende Einladung zur Nachfolge anzunehmen, um mit Jesus etwas Nützliches zugunsten meiner Mitmenschen zu wirken: *amar y servir.* Sie hat mir den Weg geöffnet, um den nächsten Schritt immer mit Vertrauen zu wagen. Die Praxis der Unterscheidung der Geister hat mir geholfen, die Anwesenheit des Kreuzes in meinem Alltag zu erdulden und, trotz der Enttäuschungen, den Dienst an der Kirche frei anzunehmen.

An meinem Lebensabend, wenn die Zeit gekommen ist, die Sonnen- und Schattenseite der eigenen Existenz auszuwerten, haben mir das Leben und die Lehre Jesu etwas von diesem verborgenen Gott geoffenbart. Ein Gott, der von jeder Bedrohung frei ist. Endlich habe ich verstanden und auch erfahren, wie die Barmherzigkeit der Ausdruck seines göttlichen Wesens ist: Der Gott der Offenbarung – nicht der Gott der Philosophen – heißt Barmherzigkeit. »Die Barmherzigkeit ist die Offenbarung seiner Transzendenz über alles Menschliche und über alles menschlich Berechenbare. In seiner Barmherzigkeit offenbart sich Gott als der ganz Andere und paradoxerweise zugleich als der uns ganz Nahe. Seine Transzendenz ist nicht unendliche

Ferne und seine Nähe ist nicht distanzlose Kumpelhaftigkeit« (Walter Kasper). So wird jede Angst und jedes Schuldgefühl endgültig beseitigt. Über den Abgrund des unbekannten Gottes kann ich mich jetzt schwindelfrei beugen.

Heute, im Spätalter, bemühe ich mich, die erstrebte Linie zu halten. Der Gott meines Lebens ist sicher ein verborgener Gott geblieben (Jes 45,15). Kaum wage ich, von ihm und über ihn ein Wort aus dem Herzen, ohne eine theologische Grundlage, auszusprechen. Vor allem inmitten einer Generation, die tief von Agnostizismus und Atheismus geprägt ist und deren Fragen und Zweifel ich teile. Lieber richte ich den Blick auf den Meister von Nazareth, der alle Sehnsüchte eines Menschen so tief erfüllt, dass die Gottheit durch sein Leben und seine Lehre geoffenbart wird. Jesus als totale Verwirklichung der Liebe, des Friedens, der Freude, der Barmherzigkeit, der Freiheit, so wie jeder Mensch sich diese für ewig wünscht. Diese gute Nachricht, die ich erfahren durfte, möchte ich so weit und so lange wie möglich verkünden: Das Reich Gottes ist ganz nahe!

Pierre Emonet SJ, Genf, geb. 1936

Mit Gott die Verantwortung teilen

»Mein Gott!« Dieser Ausruf ist in meiner Umwelt geläufig. Ist meine persönliche Erfahrung mehr als solch ein oberflächlicher Ausruf? Die Antwort fällt mir nicht leicht. Mein Zugang zu Gott hat viele Aspekte.

Gott als Vater und Mutter ist für mich vor allem das *Du*, zu dem ich eine persönliche Beziehung pflegen will. Ich vertraue darauf, dass er jedem Menschen voll zugewandt ist (das Segenswort: »Er wendet sein Angesicht mir zu«). Freilich, es gibt auch viele Situationen, Erlebnisse, Nöte in meiner Umwelt, wo mir Gott ganz unverständlich bleibt; er scheint mir dann sehr verborgen, so weit, weit weg.

Wichtig geworden ist mir die Botschaft »Gott ist Liebe« (1 Joh 4,8) und »Gott hat uns/mich zuerst geliebt« (1 Joh 4,10). *Er* ist mir immer schon voraus; *Er* ist es, der mich zum Leben, zur Liebe und zum Guten befähigt. Da denke ich an die vielfältigen Liebeszeichen, die ich so alltäglich erkennen kann. Ich bete um »ein sensibles, lauteres Herz« (eine Seligpreisung Jesu). Dazu ist mir auch das »Gebet der liebenden Aufmerksamkeit« eine wertvolle Hilfe geworden.

Irritiert bin ich bei Gebeten und Liedern, die darum beten, dass Gott (oder der Heilige Geist) kommen mögen – als wäre er immer wieder weg und müsse herbeigerufen werden. Mir ist hier der Glaube an die Taufe kostbar: Ich bin eingetaucht in das Leben mit dem drei-einigen Gott, eingetaucht in seine Liebe und er »wohnt in mir«. Vielmehr bin ich es, der ihm immer wieder den Raum zu geben hat und der sich für seine Gegenwart öffnen möchte. Meine Taufe und ihre bleibende Wirkung will ich mir bewusst halten. Seit vielen Jahren feiere ich meinen Tauftag.

Eine wichtige Botschaft ist mir die Aussage in Offb 3,20. Sie bringt anschaulich, mit welchem »Risiko« Gott sich auf uns Menschen, auf mich einlässt. Ich stelle mir vor, wie ich in meinem »Lebensraum« stehe und er vor der Tür steht und anklopft. Da liegt es an mir, ob ich die Tür (von mir her, aus meinem Inneren) öffne oder nicht … Unglaublich. Erschreckend, wie Gott es riskiert, dass er von mir »draußen stehen gelassen wird«. Wie beachte und erkenne ich die »Klopfzeichen« Gottes in meinem Alltag? Wie aufmerksam vernehme ich seine Stimme (in Gottes Wort, in meinem Gewissen)? Wenn ich seine Klopfzeichen wahrnehme und öffne, tritt er bei mir ein und wir werden miteinander sein (»Mahl halten«).

Lange beschäftigte mich der Zweifel »Werde ich es schaffen – ein Leben lang?«. Nach Jahren kam die »Einsicht«, die ich wie eine Gnade und einen geistlichen Trost erlebte: Er *und* ich, ich *und* er, gemeinsam »werden wir es schaffen«. Das nenne ich seither eine *»geteilte Verantwortung«*: Wenn du, Gott, es willst und mitgehst, kann und will ich das Meine beitragen. M.a.W.: Ich brauche dich und du, Gott, willst mich »brauchen«, damit etwas im Reich Gottes und in der fortwährenden Menschwerdung geschieht.

Reinhold Ettel SJ, Wien, geb. 1938

Mensch sein – nach Gott fragen

Mein Ja, persönlich zu antworten, hat mit meinem Novizenmeister zu tun: »Ihr werdet erleben«, sagte er uns 1967, »wie die Kirche an Einfluss verliert und wir Christen wenige werden. Aber zu *einem* Dienst an den Menschen bleiben wir berufen – die Frage nach Gott offenzuhalten!« Dieser Satz hat mich über die Jahre nicht losgelassen. Warum?

Weil er Etappen meines Weges markiert. Da war zunächst eine eher unreflektierte »Euphorie«: Mit Gott, der ja allmächtig ist, kann dir nichts passieren. Er wird schon machen! Entscheidend dann Ignatius und die Exerzitien. Sie schienen zunächst Leistung zu fordern, »um Heil zu erlangen«. Mit Irenäus von Lyon löste sich das auf: »Gottes Ehre ist der lebendige Mensch!« Unser Gott ist nicht abstrakte Allmacht, sondern Beziehung. Ihm liegt alles daran, dass ich ich selbst werde und entfalte, was in mir angelegt ist. So ehre ich ihn – als sein ›Partner‹ in der Welt. Das führte mich unmittelbar zu Jesus von Nazareth. Ganz für uns Menschen da, war und ist er die liebende, lebenerweckende Gegenwart Gottes: »Ich bin, der ich da bin – für euch.«

In Ernüchterungen und Enttäuschungen, vor allem der Frage nach dem liebenden Gott in einer so abgründig leidvollen Welt habe ich mir dann oft von Karl Rahner sagen lassen: »Glaube heißt die Unbegreiflichkeit Gottes ein Leben lang aushalten.« Mein Fragen hat das eher verschärft und mich Alfred Delp entdecken lassen, der leidenschaftlich das Leben befragt. Wir müssten, sagt er, »den Hunger und Durst über uns hinaus wieder kennen und anerkennen«!

Das verstärkte im Fragen nach Gott die Sehnsucht nach dem, was Jesus verheißt: dass nicht das Dunkel, sondern das Licht das letzte Wort haben wird – und dass die Liebe, Gott selbst, stärker sein wird als Gewalt, Macht und Tod. Mit dieser Sehnsucht ist in mir Dankbarkeit gewachsen: Was mir Leben gibt, kommt auf mich zu, ist ein nicht selbstverständliches Geschenk – ich kann es nicht machen. »Alles wirkliche Leben ist Begegnung!« (Martin Buber).

Was aber heißt ›Begegnung‹ im Dunkel von Leid und Aussichtslosigkeit? Wo ist da Gott? Wieder sehe ich Jesus. In völliger Verlassenheit und Verzweiflung am Kreuz hält er diese Frage offen – und bleibt ein Liebender, ganz auf unserer Seite. Das lässt mich staunen über die »Allmacht« Gottes, die nicht als abstrakte Macht alles »im Griff hat« – sie ist All-Macht der Liebe, die auch im äußersten Dunkel für mich da ist. Für Alfred Delp mündet das 1944 in den Weihnachtsruf: »Lasst uns dem Leben trauen, weil diese Nacht das Licht bringen musste. Lasst uns dem Leben trauen, weil wir es nicht allein zu leben haben, sondern Gott es mit uns lebt.« Das ist seine Erfahrung im unermüdlichen Fragen nach Gott, durch bittere Wegstrecken hindurch.

Wie ist mein Gott – jetzt und morgen!? Für mich die Liebe, die über allem steht und jede Macht dieser Welt relativiert. Die Frage nach ihm, dem immer je größeren, lässt mich auf dem Weg und nicht stehen bleiben. Sie lässt mich meine Begrenztheit in den Horizont der Sehnsucht stellen, die mich ermutigt, auf »Gottes je größere Möglichkeiten« zu setzen, statt auf mein Vermögen. Und sie lässt mich auf Jesus schauen, in dem seine Zuwendung zu mir/zu uns Gegenwart geworden ist, damit wir selbst sie für andere leben.

Bernd Franke SJ, München, geb. 1948

»Gott gibt es nicht«

Zu Beginn meines Theologiestudiums in Regensburg nahm ich an Exerzitien teil. Der Jesuit, der sie leitete, eröffnete den ersten Abend mit dem Satz: »Gott existiert nicht. Die Vorstellung von Gott als einem, der da ist und für uns sorgt, ist kindliches Wunschdenken, das es zu überwinden gilt. An die Stelle Gottes soll das eigene Person-Werden und Lieben-Können treten. Ihr müsst euer Leben selbst verantworten und aufhören, euch von einer frommen Vorstellung abhängig zu machen.« Das verwirrte mich, der ich von Kindheit an sehr fromm war. Aber ich nahm die Herausforderung an und stellte mir die Frage: Kann es nicht wirklich sein, dass ich mir Gott nur einbilde – und ist es nicht wirklich an der Zeit, mich von dieser Vorstellung zu lösen? Und ich überlegte mir, eine Zeitlang so zu leben und zu denken, als ob es keinen Gott gäbe. Ich verzichtete also auf die täglichen Gebete und auf den vertrauten Gottesdienst. Was aber sollte an die Stelle treten? Ich konnte spazierengehen oder etwas lesen. Doch auch da kamen mir immer wieder ganz spontan Gedanken an Gott – und ich versuchte zu erkennen, was denn hinter diesen Gedanken steckte. Doch da war nichts als eine dumpfe Leere und Unruhe. Und ich erinnere mich noch gut daran, dass ich am Ende zu mir selber sagte: »Ein Leben ohne Gott führen, das kann ich nicht. Aber Gott, wer bist du wirklich?«

»Er ist da«

Über dieser Frage trat ich bei den Jesuiten ein, um zu lernen, wie ich mit Gott umgehen kann. Dort – bei der Einführung ins Gebet – begegnete ich meiner inneren Unruhe und Leere noch einmal. Jetzt nicht als

Leere, weil mir Gott fehlte, sondern die Leere, die das Kreisen um mich selber hinterließ, das ich in mir entdeckte, sobald ich in die Stille ging. Lange Zeit bemühte ich mich, diese Unruhe endlich zu überwinden und ganz in die Stille zu kommen, um – endlich! – Gott selbst zu begegnen. Doch sosehr ich mich auch bemühte, die Unruhe blieb.

Das ging so lange, bis ich an den Punkt kam, an dem ich aufgab und beschloss, einfach zu beten. Und es fiel mir wie Schuppen von den Augen: Gott war da, er war immer da. Er war es, der mir Sehnsucht und die Kraft gab, nach ihm zu suchen. Er ist da und hält mich gerade auch in meiner Unruhe.

»An Gottes Hand«

Jahre später machte ich eine besondere Erfahrung beim Pilgern in der Türkei. Weil es keine Wanderwege gab, waren wir auf die sehr stark befahrene Landstraße angewiesen. Wir gingen am linken Seitenstreifen und richteten unseren Blick auf die entgegenkommenden Autos, einschätzend, wie viel Platz sie uns lassen. Die Ohren gellten vom Dröhnen der Motoren und in den Augen brannte der Staub. In diesem Betrieb und Getöse, in dem wir nichts anderes tun konnten, als hintereinanderher zu trotten, waren wir gezwungen, ganz bei uns zu sein. Und so betete ich still für mich den Rosenkranz. Da entfaltete sich mitten im Lärm eine innere Stille, die sehr dicht war und mich noch Tage begleitet hat. Ich wusste mich ganz und gar von Gott geführt und beschützt. Wenn mich heute im Alltag Unruhe befällt, erinnere ich mich an diese Stille und daran, wie ich als Pilger von Gott geführt worden bin.

Markus Franz SJ, München, geb. 1950

Vom »lieben Gott« zum Gott Jesu

»Ich kann nicht mehr glauben. Wo war denn der liebe Gott, als meine Tochter viel zu früh gestorben ist?« – Frau A.s bittere Äußerung steht nicht allein. Ähnliches höre ich als Priester, Arzt und Psychotherapeut häufig, wenn die Sprache auf Religion und Spiritualität kommt. Verlusterlebnisse, Enttäuschung und Resignation führen dazu, sich von einem Gott abzuwenden, der die Sorgen und Gebete zu überhören scheint.

Wenn außerhalb der kirchlichen Welt von Gott gesprochen wird, dann häufig in der festen Wortverbindung »lieber Gott«, manchmal voller Enttäuschung wie bei Frau A. oder auch ironisch, skeptisch oder drastisch in Benjamin Leberts Roman »Crazy«: »Dieser Arsch heißt lieber Gott‹, antwortet Sambraus und zieht die Augenbrauen zusammen.«

Ich frage mich selbst, inwieweit ich selbst ein Gottesbild der Gutmütigkeit, der Wunscherfüllung und des »Kneifens« in Krisensituationen habe. Außerdem: Wie begleite ich Menschen, die Gott nicht mehr suchen, weil ihr Kinderglaube sich in den Höhen und Tiefen des Lebenslaufes nicht mitentwickelt hat?

Für meine eigene Gotteserfahrung ist die Feier der Eucharistie zentral, vor allem der Schluss des Hochgebetes: »Durch ihn und mit ihm und in ihm ist dir, Gott, allmächtiger Vater, in der Einheit des Heiligen Geistes alle Herrlichkeit und Ehre!« Gott ist keine ferne, mehr oder minder unerreichbare Macht. Wir sind unser ganzes Leben lang mit Jesus zum Vater unterwegs, nicht aus eigener Kraft, sondern im Heiligen Geist. Das finde ich sehr entlastend: Wenn es dieser Geist ist, dieser Spiritus, dann wirkt der auch in der spirituellen Suche vieler Menschen außerhalb des kirchlichen Gehäuses, dann wirkt er vielleicht auch beim Abschied vom »lieben Gott«. Hinter dem Zweifel, ob es Gott wirklich gut meint, steckt oft eine tiefe spirituelle Not, wie beim leidenden Hiob (2,9–10), dem nur das nackte Leben bleibt, nachdem er Kinder, Reichtum und Gesundheit verloren hat.

»Da sagte seine Frau zu ihm: Hältst du immer noch fest an deiner Frömmigkeit? Lästere Gott, und stirb! Er aber sprach zu ihr: Wie eine Törin redet, so redest du. Nehmen wir das Gute an von Gott, sollen wir dann nicht auch das Böse annehmen?«

Hiob bleibt ein gläubiger Mensch auch dann, wenn Gott nicht mehr »lieb«, sondern »böse« ist. Auch Jesus redet nie vom »lieben Gott«. Sein bitterer Tod am Kreuz wurde dann auch von vielen als Scheitern seiner Gottes-Beziehung gesehen. Wie kann das gehen: Gutes und Böses erleben und in all dem an Gott glauben? Mir hilft dabei das Lied »Wer nur den lieben Gott lässt walten« (Georg Neumark 1657), dessen Strophen verschiedene Lebenssituationen berühren und damit auch Phasen des Zweifels am »lieben« Gott. So heißt es in der fünften, selten gesungenen Strophe:

Denk nicht in deiner Drangsalshitze
daß du von Gott verlassen seyst
und daß Gott der im Schoße sitze
der sich mit stetem Glükke speist.
Die Folgezeit verändert viel
Und setzet Jeglichem sein Ziel.

Wer in der »Drangsalshitze« einer Lebenskrise steckt, muss erst einmal verarbeiten, nicht »mit stetem Glükke« gespeist zu werden. Aber es gibt eine »Folgezeit« nach dem »lieben Gott«, die viel verändert. Und immer ist es dieselbe vertrauensvolle Melodie, welche die

Strophen des Liedes trägt. Vielleicht singe ich nicht mehr ganz so kräftig wie zu Anfang. Ein Mitsummen der Melodie ist schon genug.

Eckhard Frick SJ, München, geb. 1955

Wie kann ein allmächtiger Gott so viel Leid zulassen?

Viele Menschen scheitern im Glauben an Gott, weil sie sich fragen, wie Gott gleichzeitig allmächtig und gütig sein kann. Wenn er allmächtig wäre, müsste er das unsägliche Leid vieler Menschen verhindern oder bald beenden. Also ist er entweder nicht allmächtig oder nicht liebend.

Ich versuche persönlich die Frage so zu beantworten: Gott hat einen Kosmos geschaffen, in dem es Naturkatastrophen gibt, weil eben Natur nur Natur ist. Er hat den Kosmos aber vor allem geschaffen, um in ihm die Menschheit zu erschaffen. Die Menschen sollten über die Natur hinaus frei sein und lieben können. Sie sollten die Fähigkeit haben, in Freiheit zu lieben – und damit auch in Freiheit zu hassen. Die Menschen sollten so Gott ähnlich werden, ein Gegenüber für ihn, das er liebend in seine Arme nehmen könnte. Er wollte sogar von dem Menschen geliebt werden. Gott wollte ein liebendes Gegenüber. Die ganze Schöpfung ist ein Wachstumsprogramm. Sie ist noch weit von ihrem Ende entfernt.

Indem Gott dieses Gegenüber geschaffen hat, in dem durch Naturkatastrophen und Bosheit viel Leid geschieht, hat er selbst das Leid auf sich genommen. Er geht gleichsam mit durch das Drama der Weltgeschichte, um am Ende sein Gegenüber liebend in die Arme zu nehmen und von ihm geliebt zu werden. Das Drama der Welt ist ein schmerzlicher Weg zur Umarmung von Gott und Mensch. Dem Drama der Weltgeschichte steht Gott nicht von ferne und kühl beobachtend gegenüber, sondern er ist mitten in dem Liebesdrama.

Auf diese Weise beantworte ich die Frage: Wie kann ein allmächtiger und gütiger Gott so viel Leid zulassen?

Man kann natürlich auch noch die Frage stellen: Hätte Gott nicht eine Welt schaffen können, in der es keine Naturkatastrophen gibt? Vermutlich muss man antworten: Wenn aus dieser Natur der Mensch mit seiner Freiheit zum Lieben und zum Sündigen hervorgehen sollte, dann musste auch der Kosmos Defekte haben, die Leid erzeugen.

Es bleibt ein Mysterium. Aber mir hilft die Antwort: Gott ist bei all dem Leid, das durch Naturkatastrophen und menschliche Bosheit geschieht, kein kühler Beobachter, sondern er ist ein Liebender, der selbst leidet, weil er das Leid nicht sehen kann, ohne selbst zu leiden.

Freilich erhebt sich auch wieder die Frage: Kann Gott leiden?

Ich weiß es nicht. Aber ich vertraue darauf, dass er am Ende der Zeit die Menschheit als liebendes Gegenüber in seine Arme schließen möchte. Wir schauen Gott nicht in die Karten. Vieles bleibt ein Mysterium. Aber man muss auch sagen: Wenn wir Gott und sein Tun verstehen würden, dann wäre es nicht Gott.

Aber nicht nur Gott ist für den Menschen ein Mysterium, sondern sogar auch die materielle Welt. Wenn wir meinen, fast alles zu verstehen, dann haben wir nicht genügend Informationen. Wir verstehen erst recht wenig von unserem Gott.

Aber wenn ich versuche zu glauben, dass Gott einen Plan hat und dass sein Plan aus Liebe kommt, dann kann ich auch mit der Tatsache leben, dass Naturkatastrophen und menschliche Bosheit unendliches Leid verursachen. Ich vertraue auf die Weisheit Gottes! Karl

Rahner spricht wiederholt vom »unendlichen Geheimnis, das wir Gott nennen«.

Eberhard von Gemmingen SJ, München, geb. 1936

Nicht nur moralisch – nicht nur gerecht

Als Kind habe ich bei dem schönen Jesuswort »Gott lässt seine Sonne aufgehen über Gute und Böse und lässt regnen über Gerechte und Ungerechte« (Mt 5,48) Folgendes gedacht: Ja, so ist Gott. Mal lässt er die schöne Sonne über dir scheinen, und mal lässt er dich richtig im Regen stehen. Es gibt Süßes und Saures. Gott ist unberechenbar und willkürlich. So habe ich das Leben auch erlebt, mal schön, mal schaurig.

Bis ich dann im Theologiestudium gelernt habe: Nein, beides ist ein Segen und eine Wohltat. Und das weiß man besonders im trockenen und heißen Orient: Sonne ist Segen und erst recht Regen ist Segen. Beides ist Gottes große Liebe. Und sie gilt allen. Uns allen schenkt er die Welt, jeden Tag Licht und Luft, Lebensatem. Es ist Gottes Feindesliebe, die Jesus bei jedem Blick aus dem Fenster erkennt. Und Jesus lebt diese Feindesliebe Gottes nach. Bis ins Letzte und Äußerste. Das hat nun mein Gottesbild seit der Studentenzeit bestimmt. Dieser Gott, dieser barmherzige Vater, den Jesus uns schildert und der dem Verlorenen nachgeht und es sucht. Wie der Hirt das verirrte Schaf. Wie die Frau das davongerollte Geldstück. Wie der Vater den verlorenen Sohn in die Arme schließt (Lk 15).

Auch bei diesem veränderten Gottesbild gibt es Süßes und Saures. Leiden und Schmerz und Freude und Glück. Aber Gott ist nicht mehr unberechenbar und willkürlich. Aber er ist auch nicht nur gerecht und moralisch. Seine Liebe geht darüber hinaus. Und damit, mit diesem »mehr als bloß moralisch und gerecht«, hatte ich nun schon so meine Schwierigkeiten wie die Pharisäer im Evangelium mit Jesus und seinem barmherzigen Vater. Denn moralisch oder »in Ordnung« und ordentlich wollte ich ja schon sein oder werden. Darum bin ja auch in einen Orden gegangen, um meine Tendenz zur Unordnung hinter mir zu lassen. Und am Anfang der Geistlichen Übungen unseres Ordensgründers Ignatius von Loyola (1491–1556) steht das ja auch genau so: Exerzitien sind da, um »sein Leben zu ordnen« und »alle ungeordneten Neigungen abzulegen«. Ignatius war vielfach perfekter und ordentlicher als ich.

Ähnlich wie Ignatius bin ich daran gescheitert, vollkommen ordentlich und perfekt zu sein. Das Symbol für mich war lange ein Bergkristall auf meinem Schreibtisch. So sollte, so wollte ich sein, so klar und rein wie dieser Kristall, den mein Großvater in den Alpen gefunden hatte. Die erlösende Erkenntnis war nach langem Ringen und sich wiederholender Vergeblichkeit: Nein, ich bin kein Stein. Ich muss auch kein Stein sein. Ich bin ein Mensch. Gott sei Dank! Ich habe den Bergkristall verschenkt.

Und nach einem weiteren Scheitern habe ich endlich begriffen, dass Jesus wirklich mein Freund ist, der alles mit mir teilt, auch das Scheitern. Dass ich vor Gott nicht perfekt und vollkommen sein muss. Ja dass ich gerade auch das Dunkle, das Schwere, das ganz Schlimme zu ihm bringen und ihm mitteilen kann, selbst wenn es mir nicht über die Lippen geht. Dass das alles heil und hell werden kann, wenn es von seiner Liebe beschienen und durchdrungen wird. So habe ich es auch erlebt. Gott sei Dank. Gott geht in seiner Liebe über Moral und Gerechtigkeit hinaus.

Und heute? Zehn Jahre schon schreibe ich (mit anderen) Woche für Woche einen spirituellen Impuls auf www.update-seele.de. Wir wollen damit den Glauben neu zur Sprache bringen. Wir wollen aus der Tabu-

Ecke heraus: Denn über den Glauben, vor allem den eigenen Glauben, über die persönliche Beziehung zu Gott spricht man nicht. Das ist zu intim. Über alles kann man in Deutschland reden, aber wie es zwischen Gott und mir steht, geht keinen was an. Und das ist selbst bei Hauptamtlichen in der Kirche, bei Priestern und Ordensleuten nicht anders. Peinliches Schweigen. Und das ist tödlich für die Kirche.

Wir wollen den Glauben mit einem Impuls der Woche neu zur Sprache bringen. Einfache Worte, nicht Fachwörter dafür finden. Glauben und Alltag wieder zusammenbringen. Gott in allem suchen und finden, wie Ignatius gesagt hat. Und es geht. Oder anders, es läuft und läuft. Immer mehr Menschen klicken auf die Seite. Und das prägt nun meinen Glauben und fordert ihn heraus. Gott und alltägliches Leben oder anders und etwas hart gesagt: Gott ekelt sich vor nichts. Auf alles lässt er sich ein. Ja, das ist so, wenn man Menschwerdung und Kreuzigung nicht völlig spiritualisiert. Gott in allem finden: im Schönen und im Schweren. Ja, auch und gerade die Liebe im Leid, die Gnade im Kreuz entdecken, das ist es heute.

Thomas Gertler SJ, Augsburg, geb. 1948

Der Gott der Gegensätze

Als Thomas, der Zweifler, Jesus nach der Auferstehung begegnet, fällt er auf die Knie und ruft aus: »Mein Herr und mein Gott!« Ich habe lange überlegt, warum mir gerade diese biblische Szene so wichtig ist. Der Zweifler, der zum Glauben kommt, ist für mich keine Identifikationsfigur. Ich habe immer geglaubt, seit ich denken kann, auch wenn ich dem Zweifel hier und dort Raum gebe, scheint es doch etwas anderes zu sein, das mich am Bekenntnis des Thomas bewegt: Der Auferstandene ist für Thomas sowohl Herr als auch Freund. In der Herrlichkeit der Auferstehung ist die Weggeschichte nicht weggewischt, auch die dunklen Erinnerungen nicht, und doch erkennt der Apostel in Jesus, seinem Freund, den Herrn und Erlöser. Herr und Freund zugleich. Der ganz Große und Andere, der doch der Kleine und Bekannte ist, beides zugleich und dennoch unterscheidbar, oder wie es die Theologen ausdrücken: unvermischt und ungetrennt.

Mit einem kumpelhaften Gott habe ich noch nie etwas anfangen können. Ein grinsender Jesus, der die bekannte Daumen-hoch-Geste macht, das war mir zu einfach. Gott hat ja die Welt erschaffen und er erhält sie im Dasein. Er ist der Herr und König des Universums. Auf der anderen Seite ein Gott, der mir fern ist und der in einem Lichte wohnt, dem niemand nahen kann, traf und trifft sich auch nicht so recht mit meiner Erfahrung. Gott ist mir doch nahe, häufig sogar näher, als ich mir selber bin.

Der nahe und der erhabene Gott: zwei Gottesbilder, die einander ausschließen? Ein Augenöffner waren da für mich die Exerzitien des hl. Ignatius, vor allem der Abschluss der Meditationen, in denen Ignatius mich einlädt, mit Christus zu sprechen wie ein Freund mit einem Freund spricht, auch wenn ich ihn direkt vorher noch – in der ritterlichen Bildwelt des Ignatius – als ewigen König betrachtet habe, der mich in den Dienst ruft.

Herr und Freund. Ich könnte diesem Gegensatz noch viele andere hinzufügen, denn das scheint mein Sprechen von Gott auszumachen, dass er es ist, in dem die Gegensätze ineinanderfallen. Der starke und unsterbliche Gott, der in der Ohnmacht des Kreuzes sein Leben gibt. Der herrliche Gott, der selbst in der größten Niedrigkeit verherrlicht wird. Der Gott, der in seiner Vorsehung einen Plan für mein Leben hat und der mir die Freiheit gibt, meinen Weg zu gehen. Er ist der Gott, der alle Menschen gleichermaßen liebt, und doch haben die Armen bei ihm den Vorrang.

Und all das hilft mir dann, meine eigenen Gegensätze, meine schwache Stärke und meine starke Schwachheit, auszuhalten – in der Hoffnung, dass sie einmal versöhnt werden, und in der Gewissheit, dass sie bei ihm, dem Gott der Gegensätzlichkeiten, gut aufgehoben sind.

Marc-Stephan Giese, Stockholm, geb. 1978

»Erfüllt sind Himmel und Erde
von deiner Herrlichkeit«?

Ist die Erde, die Welt erfüllt von Gottes Gegenwart und Herrlichkeit? Dieser Glaube, den wir im Sanctus jeder heiligen Messe bekennen, blieb mir lange Zeit fremd. Der Gott, auf den das mahnende und bestärkende Gewissen, das Herz hinweist, und der »mir innerlicher ist als mein Innerstes und höher als mein Höchstes« (Augustinus), war mir immer vertraut. Aber in der äußeren Welt – wo sollte ich da seine Gegenwart erkennen? Die Natur folgt doch ihren eigenen Gesetzen, die wir in der Technik nutzen. Was spricht da von Gott? Eine erhebende Landschaft oder ein Sonnenuntergang als »Spur« Gottes? So konnte ich das nie sehen.

Ganz anders heute. Da sind in meinem Denken und Beten die äußere Welt (und mit ihr ich) und Gott immer zusammenzudenken. Wie kam es zu dieser Annäherung? Wahrscheinlich so:

1. Habe ich früher den Schöpfer nur am Anfang der Welt wirken sehen, also in einer fernen Vergangenheit, so beachtete ich später auch, dass Gott die Welt ständig im Dasein erhält. Schöpfung geschieht andauernd. Alles, was außer ihm existiert, ermöglicht letztlich Gott jeden Augenblick. Er trägt es, ist also immer und überall gegenwärtig. Um ihn zu entdecken, muss ich nur daran denken und zu ihm aufblicken.

2. Habe ich mir früher die Tätigkeit Gottes als irgendwie menschenähnliches Tun draußen, außerhalb von mir in Natur und Kosmos vorgestellt, so sagte ich mir später, dass dies ein Wirken ganz anderer Art sein muss: Aus Nichts, von Grund auf das Universum mit seinen Kräften ins Dasein rufen und es darin erhalten, einfach durch sein Wollen – das bedeutet doch, dass wir ihm

letztlich jeden Atemzug und Handgriff total verdanken. Unseren Eltern, anderen Menschen, unseren Fähigkeiten und Kräften der Natur verdanken wir viel; aber keiner dieser »Faktoren« hat unsere Welt aus Nichts geschaffen. Keiner – auch keine Mutter – haucht uns sozusagen so von innen Leben ein und bleibt dabei lebenslang mit uns verbunden wie er. »Einer ist da, der mich denkt, der mich atmet …« (Mascha Kaléko).

Wir freuen uns über unsere Leistungen. Es wäre jedoch eine Illusion, zu meinen, sie kämen allein von uns. Die Natur und in ihr ich sind – mit Thomas von Aquin gesprochen – »Zweitursachen«, die Gott als »Erstursache« zur Eigenaktivität und Mitarbeiterschaft ermächtigt. Er ist immer mit dabei. Seine Gegenwart muss ich nicht in punktuellen Eingriffen und »Fügungen« suchen, weil er alles, was geschieht, mit ermöglicht. Auch die Naturgesetze und -kräfte, ohne die es kein menschliches Leben und Planen gäbe.

3. Dachte ich mir früher Gott in einem fernen Ewigkeitsraum, den ich erst nach dem Tod betrete, so entspringt jetzt für mich die Zeit, jede Stunde Gottes Ewigkeit: Gott selbst ist die Ewigkeit, ist die überzeitliche, grenzenlose Lebensfülle, von der das Universum und mit ihm unsere Zeit geschaffen, »umgriffen« werden und »leben«. Damit bin ich nabelschnurartig mit ihm verbunden. Ich besitze meine (Lebens-)Zeit nicht; ich empfange sie von ihm. Jede Minute. Gerade im Fließen der Zeit wird mir bewusst: Gott ist der, »in dem wir leben, uns bewegen und sind«.

Wenn aus diesem Gestammel einer doch einen Psalm dichten könnte!

Bernhard Grom SJ, München, geb. 1936

Gott und die weißen Buchstaben

Als ich die Einladung des Herausgebers bekam, etwas darüber zu schreiben, wie Gott für mich ist, kam mir als Erstes folgende Idee: Ich könnte darum bitten, dass in diesem Buch zwei Seiten einfach leer gelassen würden; zwei weiße Seiten also; oder: zwei Seiten voller weißer Buchstaben.

Das sollte heißen: Das Treffendste über Gott ist gesagt, wenn man es nicht sagt. Was man sagen würde, wäre sowieso immer falsch und würde nur in die Irre führen. Die Leser müssten dann versuchen, aus den zwei Seiten voller weißer Buchstaben zu entziffern, was man mit schwarzen Buchstaben nicht schreiben könnte. Damit würde ich indirekt natürlich behaupten, dass am besten das *ganze* Buch nur aus leeren Seiten bestehen sollte. Es wäre dann ein besonderes Lehrbuch über Gott: nämlich ein Leer-Buch.

Obwohl ich das immer noch für eine gute Idee halte, fürchte ich doch, dass manche das für etwas albern halten könnten. Vielleicht haben Leser auch ein gewisses Recht auf *schwarze* Buchstaben? Und eigentlich sollte in diesem Buch ja wohl gerade versucht werden, das Nicht-Sagbare und Nicht-Schreibbare doch irgendwie in Worte zu fassen.

Wenn ich das nun versuche, muss ich mich selber immer wieder daran erinnern, was ich oben schon angedeutet habe: Alles, was ich mit menschlichen Worten (und andere habe ich ja nicht) über Gott sage, ist mehr falsch als richtig! Wenn ich also Gott zum Beispiel »Vater« nenne, muss ich daran denken, dass er eigentlich kein Vater ist (in dem Sinn, wie wir normalerweise von einem Vater reden). Wenn ich sage, dass Gott »existiert«, stimmt das eigentlich nicht; denn er »existiert«

gerade nicht so, wie alles andere existiert, was existiert. Menschliche Begriffe *können* auf Gott gar nicht zutreffen. Gott bleibt das Geheimnis jenseits aller Begriffe. Und doch: Wenn ich überhaupt von ihm reden will, wenn ich nicht ganz schweigen will, geht das nur mit diesen menschlichen Begriffen.

So will ich also sagen: Ich ahne, dass alles in einem tiefen Ge-heim-nis gründet, in dem ich selber da-heim sein und eine fundamentale Heim-at finden kann; ein Fundament, auf dem ich stehen und leben kann; das heim-lich immer da ist, einen Sinn garantiert und das Leben und den Tod gelingen lässt. Die Erfahrung dieser Ahnung kommt mir allerdings doch wieder eher im Schweigen als im Reden oder Schreiben oder Lesen über Gott.

Wenn ich bete, bleibe ich tatsächlich meistens einfach still und schweige. Ich versuche, einfach da zu sein, in dem Wissen, dass auch er »da ist« (gleichzeitig wissend, dass er natürlich nicht »da ist«, wie sonst jemand da ist). Wenn ich ihn doch auch manchmal anrede, sage ich am liebsten »Mon Dieu«. Ich weiß eigentlich nicht so recht, warum ich das auf Französisch sage. Vielleicht, so fällt mir gerade ein, passt eine Fremdsprache für den (immer auch) fremden Gott ganz gut!?

In meinem »Mon Dieu« schwingt zweierlei mit (das spüre ich, wenn ich nach innen horche): ein Verhältnis wie zu einem Freund und ein Verhältnis wie zu einem Herrn und Meister. Und natürlich weiß ich, dass sowohl »Freund« als auch »Herr und Meister« in Grunde falsch und unpassend und zu wenig ist. Aber in diesem Wissen sage ich es trotzdem so.

Walter Heck SJ, Rom, geb. 1950

Gott – eine persönliche Langzeitstudie

Als »Wiegenchrist«, denn mir wurde der Glaube in die Wiege gelegt, kann ich mich nicht bewusst erinnern, wann Gott in mein Leben trat. Er war immer schon da. Gott ist eine Selbstverständlichkeit für mich. Gott hat sich mir nie entzogen. Die Zeiten der Funkstille liegen an mir, nicht an Gott. Ich bin es, der mitunter wegläuft, kein Interesse hat und seine Ruhe will. Ich greife dann auch gerne zu Unterstellungen: Gott, bestimmt hast du auch eine dunkle Seite, die es zu fürchten gilt! Irgendwann wirst du etwas von mir verlangen, was ich nicht will, und dann?

Erlebt habe ich es bisher nicht, dass Gott mir übel mitspielt. Meine Angst vor Gott ist konstruiert, sie ist eine Ausrede und die Distanz, die sich zwischen uns immer wieder ergibt, ist mehr meiner Gleichgültigkeit geschuldet als eine begründete Schutzmaßnahme.

Ich weiß das und tue doch so, als wäre es mir doch nicht ganz bewusst und als könne man sich mit Blick auf Gott nie wirklich sicher sein!

Verrückt! In einer Zeit, die Erfahrung über alles schätzt, diskutiere ich mit Gott, ob er wirklich so ist, wie ich ihn von Anfang an erfahren habe: treu und liebevoll. Insofern bin ich von gestern und ich würde lieber heute als morgen diese Diskussion beenden!

Bernhard Heindl SJ, Hamburg, geb. 1965

Du bist der Gott des Lebens

Plötzlich ist die Antwort einfach da in meinem Kopf und in meinem Herzen. Einen ganzen Tag hatte ich während der großen Exerzitien im Noviziat darüber gegrübelt und gebetet, wer eigentlich Gott für mich und wer ich für Gott sei:

»Du bist der Gott des Lebens und ich der, der leben darf!«

Dieses persönliche Glaubensbekenntnis beginnt mit »Du« – einer persönlichen, direkten Anrede. Gott ist ansprechbar für mich, mir nahe und nicht abstrakt. Er ist ein Du. Eine fantastische Sache; ebenso unbegreiflich wie tröstlich. Gott ist ein Gott, mit dem ich in Begegnung treten kann.

Dieses Du schenkt mir das Leben. Aus seiner Hand empfange ich mich selbst. Aus dieser Beziehung heraus lebe ich und darf ich leben. Durch das Leben bin ich diesem Gott nahe und er mir. Mein Leben ist – mit all den unterschiedlichen Facetten – in Verbindung mit Gott, mit dem Schöpfer und Erhalter. Es ist meine Verbindung zu ihm.

Der flämische Arbeiterpriester und Jesuit Ägied van Broeckhoven SJ schreibt in seinem geistlichen Tagebuch »Freundschaft in Gott«: »Das konkrete reale Leben ist der einzige Ort, wo wir Gott begegnen können, und deshalb ist es göttlich einzigartig, jung, frisch und reich, hoffnungsvoll und liebenswert« (Eintrag vom 26.4.1963).

Wenn das Leben Freude macht und sich erfüllt anfühlt, dann fällt es mir leicht, Gott darin zu finden – ihm zu danken und mit ihm meine Freude zu teilen. Ganz anders ist es, wenn das Leben schal, trocken und mühsam ist. Dann ist es auch mühsam, das Leben mit Gott in

Beziehung zu setzen und Gott zu entdecken. In einer Übung im Exerzitienbuch schlägt Ignatius von Loyola vor: »Erwägen, wie Gott sich anstrengt und müht um meinetwillen in allen geschaffenen Dingen auf der Welt, das heißt, Er verhält sich wie einer, der mühselige Arbeit verrichtet« (EB 236). Dieses Bild der Arbeit Gottes hilft mir durch Durststrecken des Lebens: Wenn ich mich mühe und mein Leben mühsam ist, wie viel mehr müht sich dann wohl Gott?

Das Leben, so wie ich es bisher erlebt habe, ist immer noch mal anders als geplant. Es hält Überraschungen bereit, zeigt sich immer wieder anders. Besonders diese Momente der Überraschung und der Planänderung sind Momente, die mit Gott verbunden sind. Gott steckt hinter und mitten in diesen Überraschungen. Er überrascht mich immer wieder, wenn er meine Pläne und Erwartungen und die Pläne und Erwartungen anderer an mich durchkreuzt. Gott ist das Leben und das Leben voll von Gott. Er steckt vor allem in den Details des Lebens!

Gott als Gott meines Lebens ist so unbegreiflich und unvorhersehbar wie mein Leben. Er ist gleichzeitig so eng und konkret mit mir verbunden wie sonst nichts. Die Beziehung mit ihm ist spannend wie das Leben selbst.

Du bist der Gott des Lebens und ich der, der leben darf!

Dag Heinrichowski SJ, Berlin, geb. 1991

Der Gegenwärtige (Ex 3,14)

Mitten im gottverlassenen »Weiter so«, dem weit verbreiteten Schweigen nach dem Zweiten Weltkrieg, suchte ich als 1943 Geborener nach meiner Identität als Deutscher und als Gläubiger. Im Widerstand gegen totalitäres Verhalten entdeckte ich die Kontinuität des Lebens. Da zeigte mir Jesus in der Versuchungsgeschichte sein Glaubensbekenntnis: Der Mensch lebt vom Wort Gottes und nur Gott gebührt Anbetung (Mt/Lk 4).

Mit 14 Jahren spürte ich in mir einen missionarischen Ruf. Mit zuhörender Achtung wollte ich aus der hiesigen, weiter kolonial agierenden Gesellschaft ausziehen und wie bei der Menschwerdung Gottes die Grenze der kirchlichen Komfort-Zone überschreiten (Phil 2,6ff). Mit diesem Impuls erfahre ich Gottes Nähe im Handeln und spüre die Einheit mit allen, die an die Befreiung Gottes glauben. Nach und nach entdeckte ich den spirituellen Impuls von Ignatius, Gott in allem zu finden. Hinzu kam jener von Charles de Foucauld, der mir Jesus vor seinem öffentlichen Wirken nahebrachte. Im Gebet begleitete mich dieser Jesus als gleichaltriger Bruder.

Schon während des Theologiestudiums im Jesuitenorden ging ich wieder regelmäßig zur Arbeit im Umzugswesen und fragte mich regelmäßig auf dem Weg dorthin: Wie will der auferstandene Jesus, also die göttliche Gegenwart, mir heute begegnen? In der Midlife-Krise verschwand Jesus als gleichaltriger Bruder. Er wurde am Kreuz umgebracht. Doch auch ohne diese lebendige Begleitung ging ich weiter in die Fabrik. In meinem Schlafzimmer in Berlin, in dem sechs Betten standen, lebte ich nach und nach mit Menschen aus über 70 Ländern zusammen. Das stärkte mein Gebet zu dem uns alle verbindenden Gott.

Mitten in diesem Trubel begann 1996 bei uns ein junger Mitbruder seine Exerzitien. Er übte auf der Straße, sich dem Ruf Gottes zu öffnen. Mit diesen Erfahrungen entstand die Basisbewegung »Exerzitien auf der Straße«. Wir sahen mit Mose das Feuer der Liebe im Dornbusch, der brannte, aber nicht verbrannte (Ex 3,3ff). Den Segen dieses Gottes gibt Mose am Ende seines Lebens weiter (Dtn 33,16). Gott ist für mich ein »Halunke«, der alle meine Gedankengebäude verwirrt und mein Herz jeweils neu in Brand setzt.

Davon erzählt Lukas im letzten Kapitel seines Evangeliums: Zwei Jünger gehen nach Emmaus. Nur Kleopas wird namentlich genannt. Im Johannesevangelium finde ich den Namen seiner Begleiterin: Maria (vgl. Joh 19,25). Die beiden begegnen dem Auferstandenen auf der Straße und erkennen ihn später beim Brotbrechen. Sofort eilen sie zurück nach Jerusalem und hören von Petrus eine ähnliche Geschichte. Jetzt glauben sie ihm. Hier endet die Erzählung in der kirchlichen Leseordnung, und in den Bibelausgaben beginnt der nächste Abschnitt. Die abgetrennte Sinnspitze der Emmaus-Geschichte jedoch lautet: »Noch während Petrus mit den beiden redet, tritt Jesus selbst mit seinem Frieden in ihre Mitte.«

Das JETZT oder HEUTE (Lk 2,11) wird in den Kirchen oft vertagt. Doch hier ist der Ort der Gottesbegegnung. Sie lässt sich nicht konservieren (vgl. Mt 17,4). Der unter uns und in uns lebende Zeuge Gottes ist jetzt da. Eine neue Etappe des Widerstandes gegen das tödliche »Weiter so« begann für mich.

Christian Herwartz SJ, Berlin, geb. 1943

Gott erweitert meinen Horizont

Vorweg: Ich glaube, dass jeder Mensch an etwas glaubt und dass das für ihn Gott ist. Für den einen ist die Familie das Wichtigste; für sie lebt er dann, an sie denkt er täglich, ihr ordnet er alles unter. Für den anderen ist es die Partei; für den nächsten der Fußballverein, dem er seine Zeit und Energie spendet.

Wenn ich also sage: Ich glaube an Gott, so sage ich damit, wer für mich nicht Gott ist. Das macht mich frei. Gott sei Dank!

Meine Familie ist nicht mein Gott, obwohl sie mir wichtig ist und mich geprägt hat. Deutschland ist nicht mein Gott, obwohl ich hier sehr gern lebe und das Land meine Heimat ist. Die katholische Kirche ist nicht mein Gott, obwohl ich durch sie viel Gutes erfahren habe und als Jesuit in ihr wirke. Ich selbst bin nicht mein Gott, obwohl ich mir selbst natürlich wichtig bin. Meine Arbeit für Flüchtlinge ist nicht mein Gott, obwohl ich täglich an sie denke und sie mich prägt und leitet.

All das, was ich hier gerade schreibe, ist ein Bekenntnis und gleichzeitig ein Wunsch. Ich möchte, dass meine Familie, meine Beziehungen, Deutschland, meine Kirche, mein Orden und ich selbst nicht mein Gott sind. Aber natürlich sind sie es manchmal. Natürlich lasse ich mich manchmal ganz von meiner Arbeit belegen. All meine Gedanken, Gefühle, Kraft fließen oft dort hinein. Und mein tägliches Meditieren, wenn dann die Arbeit im Kopf herumgeht, offenbart meine starke Bindung an das, was ich gerade erlebe und tue.

Papst Franziskus schreibt in seinem Glaubensbekenntnis, dass er an Gott glauben will. Nicht, dass er das schon kann oder macht. Er will es. Ich will es auch, und scheitere immer wieder dran. Und versuche es immer wieder, an den zu glauben, der an mich glaubt. Und ich versuche es immer wieder, an die zu glauben, denen er glaubt.

Also an wen glaube ich?

An Gott, der die Welt erschaffen hat. Und damit glaube ich an die Schönheit und Güte dieses Kosmos. Dieser konkreten Welt.

An Jesus Christus, seinen Sohn. Und damit glaube ich, dass jede Frau und jeder Mann Gottes Tochter und Gottes Sohn ist. Und ich glaube, dass sein Leben deutlich gemacht hat, was am Anfang der Bibel steht: Er schuf uns als seine Abbilder. Und selbst die Gescheiterten, Sünder, Kranken sind seine Abbilder. Diese Würde ist geschenkt. Ist göttlicherseits unzerstörbar, wird nicht zurückgenommen, weil man zu blöd, ignorant, sündig oder sonstwie unfähig ist.

An den Heiligen Geist glaube ich. Und damit glaube ich, dass in jedem von uns Göttliches und Menschliches zusammenwirkt. Das lachende Kind; die Umarmung eines Liebespaares; das einfühlsame Erklären der Stadtgeschichte eines Touristenführers. Alles das, was Güte und Schönheit ausstrahlt, ist meiner Überzeugung nach eine Wirkung der Hintergrundstrahlung des Geistes. Alles, was Wärme und Licht bringt, hat mit der großartigen Ausstrahlung Gottes zu tun. Das glaube ich.

Ludger Hillebrand, Essen, geb. 1962

Gerade auf krummen Wegen

Wie ist mein Gott, gestern, heute, morgen? Er zeigt sich, ja wird in mir und aus meiner Erfahrung, und die ist *in der Rückschau* mein Gehen auf einem *geraden* Weg, während ich diesen Weg *unterwegs* als einen »krummen«, besser einen *gewundenen* Weg erfuhr. Also ist mein Gott der, der mir in Jesus nahe ist, mich auf allen Wegen trägt und barmherzig erträgt, mir Schritt für Schritt eine Lebenschance nach der anderen zurechtrückt, mich ganz einfach liebt, nicht gefühlsmäßig, sondern real und im Alltag. Was heißt das?

Ich wuchs in einem großen Frankfurter Hotel auf und kam trotz schwieriger und schließlich zerbrochener Ehe meiner Eltern als Ministrant in Kriegs- und Nachkriegszeit zum Wunsch, Priester zu werden, und wegen der eingeschränkten Bildungsmöglichkeiten in Überlingen am Bodensee in die Oberklassen des Jesuitenkollegs St. Blasien, wo sich die Berufung zum Priestertum im Wunsch, Jesuit zu werden, verdichtete. Dabei meinte ich, dass sich bei den Jesuiten sicher irgendeine pastorale Arbeitsmöglichkeit finden werde, bis ich mir im letzten Jahr meines Theologiestudiums mehr oder weniger zufällig einen Fußknöchel brach. Deshalb musste mein letztes Ausbildungsjahr, das sogenannte Terziat, aufgeschoben werden und der Provinzial in München beauftragte mich, Betriebswirtschaftslehre zu studieren, weil er zur Vorbereitung von Fachleuten auf diesem Gebiet durch unseren Generaloberen gemahnt wurde. Sein Nachfolger hatte dann einen persönlichen Assistenten nötig und übertrug mir diesen Posten. Nach einigen Jahren schickte er mich zum Besuch nach Rom, damit ich meine Korrespondenzpartner persönlich kennenlernen könne. Dabei begrüßte mich auch unser Generalobere Pedro Arrupe und der suchte nach einiger Zeit einen Generalökonomen. Weil der beabsichtigte Nachfolger ablehnte und man keinen anderen fand, erinnerte sich Pater Arrupe an den »jungen Pater« aus München. So übernahm ich mit 41 Jahren diese Aufgabe und musste mich nach weiteren 22 Jahren aus dem Amt herauskämpfen, weil ich den Posten nicht zu sehr nach meiner Person prägen wollte. Gleichzeitig suchte damals der Vorsitzende der Deutschen Bischofskonferenz, Bischof Karl Lehmann, einen Leiter für Renovabis, die neugegründete Solidaritätsaktion der deutschen Katholiken mit den Menschen in Mittel- und Osteuropa. Neun Jahre lang baute ich dieses Werk auf und wurde danach für weitere acht Jahre Spendensammler für die Jesuiten in Deutschland. Heute, mit 87 Jahren, betreue ich noch Menschen, die für uns Jesuiten ein Testament verfasst haben oder verfassen.

Ein gerader Weg auf gewundenen Straßen voller »Zufälle« (!?!), so hat ihn mein Gott geschrieben und so führte und führt er mich und wird mich auch in Zukunft führen. Dafür danke ich ihm von Herzen!

Eugen Hillengass SJ, München, geb. 1930

»Ich bin mitten inne«

Gott auf meinem Weg zum Glauben, Jesuit und Priestertum

»Ich preise dich, Vater des Himmels und der Erde,
dass du das den Kleinen offenbart hast.«

Ich danke dir, Gott, dass ich als kleines Kind in die römisch-katholische Kirche in Berlin getauft wurde, dass ich in meinen Eltern und Verwandten katholischer und evangelischer Frömmigkeit begegnete und beten lernte, dass Jesus in meinem Herzen wohnen wollte.
Ich danke dir Gott, dass wir in der Familie Advent und Weihnachten mit Lied und Text vor der Krippe feierten, dass ich am Ende des Krieges 1945 zur heiligen Kommunion geführt wurde und deine Kirche kennenlernte im Religionsunterricht, Gottesdienst und den Sakramenten, Prozessionen und heiligen Handlungen und dass ich in ihr ministrieren durfte.
Ich danke dir, dass du mich deine Größe und Schönheit auch in der Natur finden ließest, in den Bergen und Wäldern, in den Flüssen, Seen und am Meer in duftenden und leuchtenden Blumen, in schattenspendenden Bäumen, bei wunderbaren Sonnenuntergängen oder in einsamen Mondnächten.
Ich danke dir, dass du mich durch Lektüre von Guardini (Der Herr) und anderen wichtigen Büchern geführt hast, dass ich in meinem Pfarrer immer einen guten Ansprechpartner hatte, nachdem mein Vater nach dem Krieg vermisst war.
Ich danke dir, dass ich nach vielerlei Grübeln plötzlich einmal erfahren durfte »Ich bin mitten inne« – verbunden mit innerem Frieden und einem Glücksgefühl.

Ich danke dir, dass ich bei einer Studentenwallfahrt nach Chartres 1959 mit Maria vertraut wurde, die mich zu dir führte durch Gebet und Gespräche. Du hast mich auf dem Weg zum Priestertum auch über die Umwege eines Sprachstudiums 1962 in das Noviziat des Jesuitenordens in Berlin geführt, und so wurde ich durch Meditation und Exerzitien und später das Studium tiefer in deine Wirklichkeit geführt. Ignatius und Peter Faber waren mir gute Lehrmeister.

Ich danke dir, dass ich dies als Begleiter bei Exerzitien und im Alltag auch vielen anderen vermitteln konnte.

Ich danke dir, dass du mir Formen des Betens nahelegtest, den Kreuzweg, den Rosenkranz, das Jesusgebet, das Psalmengebet, die Meditation mit Bildern, das Gebet mit den Perlen des Glaubens und das Dasein in der Stille vor dir.

Ich danke dir für die Liebe zur Heiligen Schrift, in der ich dir immer wieder begegnet bin in Exerzitien und Betrachtung und Gesprächen.

Ich danke dir für die Mitbrüder im Orden, die mich begleitet haben, und für die Gemeinschaft und die Freundschaft mit anderen Menschen auf dem Weg.

Ich danke dir für die Menschen, denen ich auf meinem Weg in Freude und Not begegnet bin, denen ich auch das Sakrament der Versöhnung und auch der Krankensalbung spenden durfte.

Ich danke dir, dass du mich immer wieder auch von Schuld befreit hast und dass du mich durch den liebenden Glauben hineingenommen hast in deine ewige Liebe zum Vater und mir deinen Heiligen Geist geschenkt hast.

Ich danke dir, dass ich durch die Meditation im Stil des Zen meinen Glauben und mein Vertrauen vertiefen konnte und noch mehr von deinem unendlichen Geheimnis ahnen konnte in der Trockenheit und in der Fülle.

Ich danke dir, dass ich im Dienst des Oberen – jetzt zuletzt auch im Altersheim der Jesuiten – dir dienen durfte, wenn manchmal auch unter Schmerzen.

Lasse mich wachsen in der Liebe zu dir und lass mich dich suchen und finden in allen Dingen!

Gundikar Hock SJ, Berlin, geb. 1936

Gott des Lebens

Kinder, heißt es, sagen die Wahrheit. So habe ich hin und wieder Kinder eingeladen, zu malen, wie sie sich Gott vorstellen, Kinder aus der Unterstufe von Schulen und Kinder aus dem Erstkommunionunterricht. Nicht aus Neugierde habe ich sie gebeten, ihr Bild von Gott zu malen. Ich wollte sehen und wahrnehmen, um zu lernen, wie ich zu ihnen von Gott sprechen könnte. Kinder malen Wahrheit, bringen spielerisch zu Papier, was sie fühlen, wie sie denken. Sie geben aus der Hand, was sie kaum in Worte fassen können. Wie kleine preisgegebene Geheimnisse muten ihre Bilder an.

Zwei davon bleiben mir in unvergesslicher Erinnerung. Eines malte Kevin. Er zeichnete zunächst mit Bleistift die Umrisse seiner bayerischen Dorfkirche mit dem Friedhof, sein Elternhaus und die Nachbarhäuser, die Schule und das Wirtshaus und mittendrin den Maibaum. Am Bildrand: ein Misthaufen mit dem krähenden bunten Gockel obenauf. Dann malte Kevin mit den Buntstiften sein Dorf leuchtend farbig aus. Über allem strahlte die Sonne. In sie hinein schrieb er ein Wort: Gott.

Das andere Bild malte Tim. Er nahm den Bleistift, hielt ihn schräg, und mit der nun seitlich aufliegenden Graphitspitze fuhr er leicht über das Papier, so dass so etwas wie eine graue Wolke entstand. In die Mitte dieser Wolke setzte er einen kräftigen schwarzen Punkt, zu dem von außen ein Pfeilstrich führte. Darüber schrieb er: So stelle ich mir Gott vor. Ich fragte mich: Hat der kleine Kerl etwa schon Karl Rahner gelesen und Gott als etwas Geheimnisvolles empfunden?

Diese beiden Kinderbilder malen auch mein eigenes Gottesbild – heute noch. Sie lassen mich anschauen, wie ich mir Gott denke und wie ich ihn erfahren möchte: nicht als einen Entweder-Oder-Gott, sondern als einen, der Geheimnis ist und bleibt, aber dessen Wirklichkeit in meinem eigenen Leben präsent werden will. Für mich ist Gott, nicht nur weil ich Karl Rahner in Vorlesungen gehört und einen Teil seiner Bücher gelesen habe, das abgrundtiefe, unbegreifliche Geheimnis, das sich mit unserem Denken und Sprechen nicht einfangen lässt. Und selbst das Wort, das Gott zu mir spricht, höre ich in seiner Gebrochenheit bisweilen nur durch tausend Missverständnisse hindurch, und ich lese es in der oft leidvoll erfahrenen Menschheitsgeschichte. Ich begegne dem menschgewordenen Wort Gottes in Jesus Christus dialogisch: Hören möchte ich, was er mir sagt. Und einbringen möchte ich mein Leben mit Gelingen und Scheitern, mit empfangener Freude und erlittenem Schmerz. Ich stelle Gott Fragen, und meinem Zweifel und meinen Enttäuschungen gibt er Raum. Gott als unaussprechliches Geheimnis zu glauben, das dennoch ein Wort für mich hat und vor meinem Erfahrungshorizont erschlossen werden darf, das bewahrt mich vor rechthaberischem Fundamentalismus.

So gehört die bunte Malerei von Kevin zu meinem Leben – und die rätselhafte Zeichnung von Tim. Alles, was ich erlebe, und das Leben selbst hat mit Gott zu tun. Alfred Delp SJ sagte: »Die Welt ist Gottes voll.« Ich möchte ergänzen: »Das Leben, mein Leben ist Gottes voll.« Freilich drängt sich diese Erfahrung nicht auf. Tiefer müsste ich hören und schauen lernen. Den krähenden Gockel auf dem Misthaufen zu entdecken, das ist erst der Anfang.

Werner Holter SJ, Mannheim, geb. 1946

»Wie ein Freund mit seinem Freunde«

»Gott« existiert. Das war für mich seit Kindertagen selbstverständlich. Ich ging zur Kommunion, wurde gefirmt, war eine Zeit lang Ministrant. Mit 13 Jahren musste ich eine Woche ins Krankenhaus, um einen Knoten entfernen und untersuchen zu lassen. Da wurde Gott plötzlich ein wichtiger Ansprechpartner in meiner Angst. In der gymnasialen Oberstufe entdeckte ich »Gott« als ein lohnendes Objekt philosophisch-theologischer Reflexion. Ich interessierte mich nun auch für geistliche Berufe und nahm mehrmals an Einkehrtagen für junge Männer auf dem Lindenberg bei Freiburg teil. Daneben erinnere ich mich an kleine Schriften von Max Thürkauf, die mir den Gottesglauben und seine Vereinbarkeit mit moderner Naturwissenschaft nahebrachten. So entstand der Wunsch, Theologie zu studieren. Gott als Vater, Sohn und Heiliger Geist war für mich damals eine rein abstrakte Selbstverständlichkeit. De facto glaubte ich an Gott als den Schöpfer und letzten Bezugspunkt meiner Existenz – und dass er ein »lieber Gott« war. Mehr brauchte ich nicht. Jesus, der Heilige Geist, die Bibel und die Kirche waren in meinem Glauben eher nebensächlich. Damit war ich auch wenig angreifbar. Während manche Kommilitonen durch die moderne Exegese in echte Glaubenskrisen stürzten, hatte ich hier nicht viel zu verlieren. Das änderte sich erst, als ich in den Orden eintrat. Als der Novizenmeister ganz selbstverständlich vom »Herrn« sprach, wurde mir klar, dass er nicht nur jenen Gott meinte, den ich bisher gefunden hatte. Vor allem die sinnlich-bildhaften Begegnungen mit Jesus in den Exerzitien waren gewöhnungsbedürftig. Das war genau das Gegenteil von abstrakt. Da ging es plötzlich um Begegnung mit einem Jesus, den ich mir leibhaft vorstellen und zu mir sprechen lassen sollte. Das war mir fremd. Ich erklärte mir das damit, dass man biblische Worte und Bilder wie einen Seelenspiegel vor sich stellen kann, und hatte dann auch eine gewisse Freude daran, im betrachtenden Gebet den Jesus des Matthäus-, des Markus-, des Lukas- oder Johannesevangeliums als göttlichen Platzhalter in einem inneren Drama zu inszenieren. Aber eine wirklich lebendige Beziehung zu diesem Jesus hatte ich lange nicht. Er blieb für mich unterschwellig eine von Menschen konstruierte Figur – und damit weit weg. Das hat sich erst geändert, als ich begann, selbst ignatianische Exerzitien zu geben. Jetzt wurde mir bewusster, dass Ignatius die Menschwerdung Jesu viel ernster nimmt, als ich es bisher getan hatte: Der Jesus der Evangelisten ist für Ignatius real da. Das Wort ist Fleisch und ich darf diesem Fleisch trauen, auch wenn es in kirchliche Überlieferungsstränge oder sogar meine eigene Vorstellungskraft eingebettet ist. In den Erzählungen der Evangelisten (und meinen eigenen Vorstellungen davon) begegnet mir der wahre Gottessohn, der »Herr«. Inzwischen ist mir Jesus viel vertrauter. Ich kann mit ihm Zwiesprache halten wie ein »Freund mit seinem Freunde« (Geistliche Übungen 46). Zugegeben: Von Zeit zu Zeit rutscht mir diese Vertrautheit mit Jesus auch wieder weg, vor allem wenn ich keine Zeit zum Betrachten finde. Dann bleibt mir mein Glauben an den »lieben Gott« meiner Jugend. Aber auch der ist durch meine zwischenzeitlich gewachsene Gemeinschaft mit Jesus persönlicher, jesuanischer und kirchlicher geworden. Gott sei Dank!

Ludger Joos SJ, Göttingen, geb. 1967

»Geh deinen Weg vor mir ...«

Die erste fassbare Gestalt der Bibel ist Abraham. Ihn traf die Stimme Gottes und gab ihm eine Verheißung. Das Hören auf die Stimme bewegte mich schon in der Kindheit. Ich bin in Obernburg am Main (Unterfranken) in einen selbstverständlichen, freundlichen Katholizismus hineingewachsen. Dankbar bin ich, den Rhythmus, die Riten der vorkonziliaren Kirche in den 1950er Jahren kennengelernt zu haben. Das gab Struktur und ein Gefühl von Zugehörigkeit. Doch entscheidend war: Das Fragen nach Gott kam aus mir selber. Niemand hatte mich gedrängt. Früh ahnte ich: Mit Gott findest du die Lebensrichtung und Erfüllung. Deswegen ist mir der Satz an Abraham ans Herz gewachsen: »Geh deinen Weg vor mir und sei ganz« (Gen 17,1, Übersetzung Martin Buber). Der Glaube erwuchs aus meinem Inneren, gab mir Ichstärke und ein Gefühl von Ganzheit.

Ich wollte unbedingt aufs Gymnasium, um Priester zu werden, und setzte durch, dass ich das Bischöfliche Knabenseminar in Miltenberg am Main besuchen durfte. In den 1960er Jahren bröckelte das katholische System der Kleinen Seminare. Bei allen Umbrüchen blieb wie ein cantus firmus die Tiefengewissheit: Gott führt dich. Der Ordenseintritt 1968 war wiederum Aufbruch und Auswandern aus Vertrautem, verbunden mit der Erfahrung: Im Gottvertrauen zeigt sich der Weg. Bald schon hatte ich das Gefühl, im Jesuitenorden daheim zu sein. Die Spiritualität der Exerzitien war mir intuitiv vertraut. Auch inmitten der Turbulenzen der 1970er Jahre spürte ich den Urimpuls aus der Kindheit, die Stimme des lebendigen Gottes.

Nach der langen Ausbildungszeit und den ersten Jahren der Arbeit als Gymnasiallehrer war das Tertiat (1984) auf den Philippinen ein tiefer Einschnitt. Ich erlebte in den Großen Exerzitien die Höhen des Glaubens, aber auch einen gewaltigen Absturz. Zum ersten Mal zweifelte ich ernsthaft an einem guten Gott und wusste nicht, ob ich noch Jesuit und Christ sein könne. Nach »Beben, Sturm und Feuer« (1 Kön 19,11f) war es von Neuem die innere Stille, die mich in meine Lebensbahn zurückführte. Aber es waren auch neue Fragen nach meiner Identität aufgebrochen. Der leistungsorientierte Jesuit ließ mehr die emotionale Seite zu.

Ich wechselte in die Hochschulseelsorge. Mit jungen, engagierten Leuten ein Stück Kirche zu bauen packte mich neu. Bisher stand der fern-nahe Mitgeher-Gott im Zentrum. Jetzt wurde es immer mehr Jesus, das »Bild des unsichtbaren Gottes« (Kol 1,15). Die Evangelien und Paulus faszinieren mich bis heute. Ich schätze und genieße die Liturgie, aber auch die Zeit des persönlichen Betens und Meditierens. Ich versuche, meine geistlichen Sinne zu verfeinern, um Gottes Gegenwart überall aufzuspüren – im Blick auf den historischen Jesus und im Bewusstsein, dass er als Auferstandener in all meine Existenzvollzüge eingeht. »Nicht mehr ich lebe, Christus lebt in mir« (Gal 2,20). Der Satz kommt aus dem Innersten paulinischer Mystik, von einem Menschen, der rastlos apostolisch tätig war und sich in aller Schwachheit von der Gnade Gottes gestärkt und geleitet wusste. In der großen Verheißungsgeschichte von Abraham bis Paulus suche und gehe auch ich meinen »Weg vor Gott im Lande der Lebenden« (Ps 116,9).

Karl Kern SJ, München, geb. 1949

Wohin führt dein Weg?

Seitdem ich meinen Fuß auf den Weg zum Jesuitwerden setzte, veränderte sich die Art meiner Gotteserfahrungen allmählich. Ich schreibe diese Zeilen im Advent, mich auf Weihnachten vorbereitend, rückblickend, im Gebet.

Dies ist mir das Herz der Offenbarung: Gott ist die Liebe. Ich deute den Anfang meiner Berufung als tiefstes Verliebtwerden in Gott.

Um sich diesen Anfang vorstellen zu können, muss man meinen Zustand vor meinem Ordenseintritt kennen. Ich studierte Mathematik und dachte, dass ich mit meiner Arbeit nicht nur gut verdienen, sondern auch das Gemeinwohl durch die Wissenschaft fördern werde. Ich hatte schon damals einen Freundeskreis wohlwollender, intelligenter Menschen. Ich kam aus einer christlichen Familie.

Aufwachsend lernte ich die Liebe als den Weg der Einheit mit Gott kennen. Die Liebe, mit der ich mich zu meinen Freunden, zu meiner Familie, zu den Menschen in meinem Leben wende, die Erfahrung ihrer Liebe zu mir, die Erfahrung der Liebe Gottes durch die Schönheit der Natur, in der Eucharistie und in der Bibel oder meine Arbeit, die ich mit Liebe tue, dies sind die Teile meines Lebens, die mit der spürbaren Gegenwart Gottes gefüllt sind. In diesen Situationen erlebte ich, dass Gott mich liebt und dass er die Welt und die Menschen durch mich liebt. Ich wünschte mir, dass mein Leben in diese Richtung weiterwachse. So trat ich in den Orden ein.

Seitdem erlebte ich mehrmals Zeiten des Zweifels, der Dunkelheit, der Verlassenheit. Ich begegne den Wunden der Welt, den Versuchungen und dem Versagen von Christen und von wohlwollenden Menschen und meiner eigenen Schwäche. Ich nahm an der oft aussichtslosen Arbeit der Pflegekräfte für sterbende alte Leute teil. Ich kampierte mit Kindern, unter denen manche schon ein bedauerliches Los ertragen müssen. Ich traf in Armut geratene Europäer und Flüchtlinge, die verfolgt worden waren. Als wir in Transkarpatien pilgerten, nahmen uns Leute, die in für uns unglaublicher Armut lebten, zur Übernachtung auf. An den Hauptplätzen der Dörfer sahen wir die Fotos der Jungen und der Familienväter, die durch Zwangseinberufung in den Krieg verschleppt worden waren und tausend Kilometer fern ihrer Heimat gefallen waren.

Nun erlebe ich Gottes Gegenwart in meinem Leben anders. Ich glaube, dass alles, was ich oben schrieb, auch jetzt wahr ist. Ich vertraue der Gegenwart Gottes. Vielmals spüre ich die Richtung, wohin Gott mich ruft, oder deutlich klarer das Verhalten, das er von mir verlangt. Die liebevolle Gegenwart spüre ich aber nun sehr selten.

Seitdem ich meinen Fuß auf den Weg zum Jesuitwerden setzte, traten körperliche Not und seelische Dunkelheit in mein Leben ein, wenngleich bei weitem nicht ständig. Ich glaube, dass Gott dadurch etwas von sich selbst mir zeigt.

Er zeigt, dass das Wesen seiner Liebe genau darin besteht, dass er in die Welt kommt. Er heilt die Wunden und erlöst: Er wird genauso Teil der schmerzlichen Erfahrungen, wie er auch Teil des Glücks ist. Er fühlt mit, er leidet mit, er liebt mit.

Er ruft mich auf diesen Weg, damit ich meine Grenzen überschreite, die Wahrheit erfahre, sodass ich liebe und in seinem Heilswerk mitarbeite.

Und das Wort ist Fleisch geworden und hat unter uns gewohnt.

Feri Kiss SJ, Budapest, geb. 1991

Wer ist »Gott«?

Die uns begegnende christliche Botschaft beansprucht, »Wort Gottes« zu sein. Es ist am sinnvollsten, diese Botschaft selbst zu befragen, wer denn »Gott« sein soll. Nun hat aber die christliche Botschaft immer behauptet, dass Gott nicht unter Begriffe fällt. Wie kann sie dann überhaupt noch von ihm reden und ihm gar zuschreiben, dass er selber »spricht«? Es ist gut, sich solche Fragen zu stellen.

Nach der christlichen Botschaft kann man Gott nur aus dem Geschaffenen erkennen, d.h., wir können von Gott immer nur das von ihm Verschiedene begreifen (die Welt), das auf ihn verweist. Unser »Aus dem Nichts Geschaffensein« bedeutet: In allem, worin wir uns vom Nichts unterscheiden, also in unserer gesamten eigenen Wirklichkeit, sind wir ein *»restloses Bezogensein auf … / in restloser Verschiedenheit von …«.* Das Woraufhin einer solchen Beziehung nennen wir »Gott«. Es handelt sich um ein Bezogensein, das nicht zur eigenen Wirklichkeit der Welt hinzukommt, sondern sie konstituiert und mit ihr identisch ist. Dass Gott der ist, »ohne wen nichts ist«, ist eine vollkommen genaue Aussage, die nur »hinweisendes« (analoges) Sprechen in Bezug auf Gott ermöglicht; aber dies ist unsere vollkommenste Weise zu sprechen.

Könnten wir unser Geschaffensein beseitigen, bliebe nichts von uns übrig. »Aus dem Nichts Geschaffensein« ist also keine Alternative zu anderen denkbaren Welterklärungen (Zufall, Evolution usw.), sondern umfasst sie von vornherein. »Aus dem Nichts Geschaffensein« ist im Übrigen kein Glaubensgegenstand, sondern ist beweisbar: Alles in der Welt ist Einheit von Gegensätzen, die sich nur als in dem genannten Sinn

»geschöpflich« logisch widerspruchsfrei beschreiben lässt.

Damit bringt die christliche Botschaft ein neues *Vorverständnis* von Wirklichkeit mit sich, zu dem man sich *bekehren* muss (»Neuer Wein in neue Schläuche«, vgl. Mt 9,17). Es ist der Kontrast zu der Vorstellung, Gott und Welt stünden in Wechselwirkung (und wir gar mit unserem Denken noch darüber). Dadurch beginnt man das Wort »Gott« zu missbrauchen, indem man ihn zur Erklärung von was auch immer und jedenfalls als Argument zu »verwenden« versucht.

Anselm von Canterbury (1033–1109) sagt in Bezug auf Gott: »Er ist größer als alles, was gedacht werden kann« (er kann also nicht gedacht werden); und »es kann nichts Größeres als er gedacht werden« (Gott plus Welt sind nicht mehr als Gott). Letzteres ist eine Aussage über die Welt, die nur so existieren kann, dass sie ohne Gott nicht wäre. Wenn so die Welt als unauflöslich identisch mit ihrem Geschaffensein gedacht werden *kann*, dann *muss* sie so gedacht werden; es ist dann nicht mehr möglich, sie anders zu denken.

Der Glaube beginnt erst, wo es um unsere Gemeinschaft mit Gott geht. Sie besteht darin, dass wir in die Liebe zwischen dem Vater und dem Sohn hineingeschaffen sind und dies durch das Wort des menschgewordenen Sohnes erfahren und nur im Glauben und damit im Heiligen Geist annehmen können (1 Kor 12,3). Der Glaube befreit von jeder Art von Weltvergötterung bzw. Verzweiflung an der Welt.

So macht erst der Inhalt der christlichen Botschaft ihren Anspruch, »Wort Gottes« zu sein, verstehbar.

Peter Knauer SJ, Brüssel, geb. 1935

»Segne uns, du dunkler Gott«

Von Kindheit an, bis ich weiß nicht wie lange, war Gott für mich fordernd, kontrollierend, richtend. Das Auge Gottes über der Kanzel hat mich verfolgt wie ein Big Brother.

Heute nimmt er mich an und liebt mich, wie ich bin. Nachdem ich gelernt hatte, dass er mich nur liebt, wenn ich seine Forderungen erfülle, ist es jetzt schwer, seine bedingungslose Liebe anzunehmen.

Nicht in meinem Denken, aber in meinem Fühlen ist Gott ein verletzender Gott, weil ich das Leben eher als verletzend denn als schön empfinde. Vertrauen findet sich in mir nur ganz fern hinter der Dunkelheit meiner Seele.

Das Leid in der Welt und in meinem Leben verstehe ich nicht, und den Gott, der das zulässt, verstehe ich auch nicht. Die Erklärungen, wozu das Leid gut und notwendig sei, empfinde ich oft nur als Hohn. Trotz dieses Nichtverstehens habe ich eine Ahnung, dass es sinnvoll ist zu vertrauen, dass sich in Gott alles fügt. Es ist immer wieder der Sprung ins Dunkle. Was auch sonst? Der Strick! Einer der wichtigsten Namen Gottes ist für mich: Der (in Jesus) das Leid teilt und es letztlich sinnvoll macht.

In Gott als Geheimnis mich zu bergen ist manchmal möglich. Bisher hat mich das immerhin davor bewahrt, mich aufzugeben.

Mein Gott ist bildlos. Ja, Jesus ist das Bild des unsichtbaren Gottes (wie Paulus sagt), aber eben des unsichtbaren. Mal einmal ein Bild von etwas Unsichtbarem. Viele Gottesdarstellungen, vor allem in der Gebrauchskunst, empfinde ich als gotteslästerlich. Da halte ich es mehr mit dem Gebot »Du sollst dir von Gott kein Bild machen«. Unsere Gottesbilder sind doch nur Menschenwerk und Gott »unähnlicher als ähnlich« (4. Laterankonzil). Er ist unfassbares Geheimnis.

Wichtig ist mir das Wort des Augustinus: »Gott ist das Innerste meines Innersten.« Das haben auch Meister Eckehard und seine Schüler übernommen. Oft verliere ich den Kontakt zu ihm und doch ist er da, indem ich lebe.

Bernd Knüfer SJ, Leipzig, geb. 1938

Er macht eine gute Geschichte daraus

Bei uns hier in Rom beginnt die Messe immer schon um 6 Uhr 45. Anschließend begleite ich meist einen alten Mitbruder auf die Krankenabteilung zurück; er verirrt sich sonst. Ich lüfte sein Zimmer, wir schauen den Himmel an, blicken dem jungen Tag entgegen, ob strahlend oder grau. Dann gehe ich auf die Terrasse und lese das Tagesevangelium noch einmal gründlich. An einem Vers bleibe ich hängen. Ich höre genau hin, ob mir Maria etwas dazu sagt. Dann gehe ich damit zu Jesus und höre, ob von ihm ein Wort kommt; und so zum himmlischen Vater. Drei kleine Begegnungen.

Oft kommt dann tatsächlich eine Art Antwort in mein Herz. Maria sitzt häufig blau gekleidet vor mir, ernst, still. Was sie sagt, ist ganz demütig; aber es ist zugleich äußerst freimütig. Mit überraschendem Mutterwitz gibt sie mir zu verstehen, wo ich zu kompliziert oder kleinkariert bin. Ich spreche dann das *Ave Maria*, und zwar auf Türkisch. In der Türkei habe ich nämlich jahrelang gelebt. »Mutter Gottes« bete ich mit den Christen in der Türkei: *Allah'ın annesi.*

Wie kann der Schöpfer von allem eine Mutter haben? Das ist keine Beleidigung Gottes, wie viele Muslime befürchten. Wir dürfen derart unlogisch klingende Worte verwenden, weil wir verstanden haben, dass Gott seine Lebensweise, seine Herrlichkeit liebend gerne weiterschenkt (Joh 17,22). Deshalb dürfen wir zu Jesus sagen, wie Thomas überwältigt und mit seinen Worten: »mein Herr und mein Gott« (Joh 20,28); und deshalb kann man – ja, staunend – Maria die Mutter Gottes nennen. Das ist keine Verkleinerung Gottes, auch keine Verdoppelung. So erkennen wir vielmehr

Gottes Großzügigkeit, seine Verschenkungsfreude an, die wir in der Geschichte Jesu spüren.

Zu ihm gehe ich jetzt. Ich sehe ihn oft als den wandernden Meister des galiläischen Frühlings. Was er mir ins Herz legt, kann voller Energie sein, richtig morgendlich: ein Ruf in seine Gemeinschaft.

So trete ich schließlich vor den Vater. Ihn sehe ich nicht. Ich spüre vielleicht eine Umarmung. Der große Trost ist, dass er allem einen Platz gibt. Selbst was nicht hätte passieren dürfen – der Vater macht eine gute Geschichte daraus.

Auch wenn das nicht einfach wird mit der Vorlesung heute und mit der Gruppe, die sich angesagt hat, und dann mit dem Vier-Augen-Gespräch, bei dem es auf Ehrlichkeit ankommt: Jetzt weiß ich, warum wir zuversichtlich in den Tag gehen können.

Felix Körner SJ, Rom, geb. 1963

Gott – eine Vertrauenssache

Die Familie, in die ich 1939 hineingeboren wurde, war eine kleine katholische Glaubensgemeinschaft. Der christliche Glaube wurde praktiziert. Mein Vater stand für die intellektuelle Nüchternheit des Glaubens, meine Mutter für die familiäre Heimeligkeit. Auch unsere Verwandten waren katholisch, ebenso die meisten Freunde und Bekannten in meiner Heimatstadt. Soweit ich den Krieg bewusst mitbekommen habe, erlebte ich ihn als intensive Gebetszeit. Das Vertrauen zu Gott war tief und fest.

Unter den Mitschülern im Gymnasium waren auch Protestanten. Ich kam gut mit ihnen aus. Einige brachten Einwände gegen das Katholische, vor allem gegen den Papst und gegen Maria. Die Einwände wirkten wie kleine Rempeleien, hauten mich aber nicht um. Zum Problem wurde nicht Gott, sondern eher die Kirche. Über sie wurde ich nachdenklich. Sie zeigte sich als eine Mischung aus Licht und Schatten. Meine Blauäugigkeit schwand. Doch seltsamerweise schwand nicht das Vertrauen, an der Hand der Kirche auf dem richtigen Weg zu Gott zu sein.

In der großen Glaubensgemeinschaft der Kirche begegneten mir eindrucksvolle Menschen. Einige taten sich mit dem Glauben schwer, z.B. meine Tante Martha. Sie protestierte leidenschaftlich gegen einen Gott, der von Abraham forderte, seinen Sohn Isaak zu schlachten. Ihr Protest bewirkte bei mir, dass ich diesem Gott einen Vertrauensvorschuss gab: Gott stellt klar, dass er mit diesem Kind seine eigene Politik macht. Das musste Abraham begreifen.

Eine Stütze meines Glaubens wurde Anton Bruckner. Als ich im Noviziat eines Sonntags sein *Te Deum* hörte, fuhr der Satz »*In te domine speravi: non confundar in aeternum*« mit einer solchen Wucht in mich hinein, dass ich sie noch heute spüre: »*Auf dich, Herr, habe ich meine Hoffnung gesetzt, in Ewigkeit werde ich nicht zuschanden.*« Bei meinem Mitbruder Karl Rahner, dem scharfsinnigen und frommen Glaubensdenker, beeindruckte mich tief, wie er Gott das »unergründliche Geheimnis« nannte. Ich übersetze mir das so: Wir Menschen können Gott nicht in die Karten schauen. In Bezug auf ihn gibt es keine Position, von der aus wir »dahinterkommen«. Aber ein echter Zweifel, dass Gott existierte, kam bei mir nicht auf.

Woraus nährt sich heute mein Gottvertrauen? Es nährt sich aus drei Quellen. Die erste Quelle ist die Heilige Schrift, darin vor allem die Stellen, wo Gott stolpernde und stürzende Menschen aufrichtet und schwankendes Vertrauen stützt. Ein Satz wurde zum Felsgrund meines Gottvertrauens: »Wenn das Herz uns auch verurteilt – Gott ist größer als unser Herz, und er weiß alles« (1 Joh 3,20).

Die zweite Quelle ist die hl. Messe und darin die Formel »Geheimnis des Glaubens: Deinen Tod, o Herr, verkünden wir, und deine Auferstehung preisen wir, bis du kommst in Herrlichkeit«. Dieser Satz fasst zusammen, was Gott uns über seine Absichten hat wissen lassen: Wenn wir sterben, zieht seine Liebe uns zu sich hinüber in sein Leben. Ich vertraue darauf, dass dieser Satz stimmt. Die dritte Quelle ist ebenfalls die hl. Messe, diesmal aber die Einleitungsformel zum Vaterunser: »Wir heißen Kinder Gottes und sind es.« Wenn wir Menschen Gottes Kinder sind, dann ist jeder Mensch ein Wunschkind Gottes. Darauf vertraue ich.

Wendelin Köster SJ, Frankfurt am Main, geb. 1939

Vom Kopf in das Herz

»Gott führt mich immer wieder in die Begegnung. Gott lässt mich wachsen zu einem Menschen, der Liebe empfangen und Liebe weitergeben kann. Gott möchte diese Welt in ein Reich des Friedens und der Gerechtigkeit verwandeln.«

Mit diesen drei Sätzen würde ich einem Arbeitskollegen oder einer Arbeitskollegin antworten, wenn die Kaffeetasse bereits halbleer ist und nach einer kurzen Mittagspause die Arbeit ruft. Ich arbeite in einem überwiegend säkularen Umfeld, Glaube spielt keine große Rolle. Dafür wird viel nachgedacht und geschrieben, argumentiert und debattiert. Es ist gar nicht so einfach, in dieser Umgebung darüber zu sprechen, was mir selbst im Laufe meines Lebens zu einer tiefen existentiellen Wahrheit geworden ist.

Das erste Mal, dass ich Gott persönlich begegnet bin, war in einem Krisenmoment. Ich hatte ihn dort überhaupt nicht erwartet, ja, eigentlich schon abgeschrieben. Es war eine Zeit, in der es mir schwerfiel, einen Sinn in meinem Leben zu finden. Und plötzlich war er da. Nicht als Antwort auf meine Fragen, nicht als Fels in der Brandung, nicht als Leuchtturm am Horizont. Er war da als Wärme, als Mit-Sein. Es war der Anfang eines langen Lernprozesses, der immer noch anhält. Vom Kopf in das Herz zu gelangen. Von meinen Gedanken zu meinen Gefühlen. Die ignatianische Spiritualität ist mir dabei eine große Hilfe.

Ich muss gestehen, dass ich eigentlich gar nichts über Gott weiß. Alles, was ich habe, ist meine Ahnung von Seinem Mit-Sein. Und Jesus, der mich führt. Manchmal sehe ich mich auf einem Schiff mitten in einem stürmischen Ozean, ohne Orientierung und Licht.

Und Jesus ist der Kompass. Wenn ich Jesus folge, spüre ich, dass jemand mit mir geht. Und es überrascht mich immer wieder aufs Neue, wohin er mich führt.

Manchmal sind es ganz intime Momente, oft Momente von Schwäche, vielleicht sogar von Einsamkeit, in der ich die Wärme wieder fühlen kann. Manchmal sind es Begegnungen mit anderen Menschen, insbesondere mit Menschen, die weniger haben als ich. Oder Menschen, die Gott in diesem Moment besonders nötig haben. Jesus hilft mir dabei, Mensch zu werden. Mein Herz zu öffnen für die Wärme Gottes und zugleich nicht daran festzuhalten. Dann kann ich diese Wärme weitergeben und Gott auch im Mitmenschen begegnen.

Ab und zu suche ich gezielt das Gespräch mit Atheisten. Nicht um ausgedehnte abstrakte Debatten zu führen, sondern um die Leidenschaft zu entdecken, die sie antreibt. Der amerikanische Philosoph Philip Kitcher kritisiert religiöse Lehrgebäude, würdigt aber das soziale Engagement und den Einsatz, mit dem sich Glaubende für eine bessere Welt engagieren. Ich habe die Erfahrung gemacht, dass Gott auf besondere Weise bei denen ist, die unter Armut und Ungerechtigkeit leiden. Wie Jesus ist er insbesondere in der Gemeinschaft von Zöllnern und Prostituierten zu finden. Ich stimme Kitcher zu: Im Einsatz für Gerechtigkeit können Glaubende und Nicht-Glaubende zusammenfinden. Aber es braucht das Mit-Sein mit den Armen, um dies auch mit Liebe und Geduld zu tun.

An Gott glauben, das hat sehr viel mit Vertrauen zu tun. Dass mich Jesus in die richtige Richtung führt. Und dass am Ende meiner Schiffsreise ein Hafen auf mich wartet.

Matthias Kramm SJ, Amsterdam, geb. 1983

Glauben heißt: Die Unbegreiflichkeit Gottes ein Leben lang aushalten (Karl Rahner)

Als junger Philosophiestudent mit 22 oder 23 Jahren hat es mir Vergnügen gemacht, meine Professoren damit zu provozieren, vielleicht sei Gott ja gar nicht real existierend, sondern nur eingebildet. Ich weiß noch, dass die Antwort mich recht nachdenklich machte: Das könne schon sein – aber auch die Vogelscheuche sei nur so lange zu etwas nütze, wie die Vögel sie dafür halten. Wenn nicht, dann setzen sie sich drauf! Wir Studierenden müssten schon nach Begründungen für unsere Behauptungen suchen und nicht einfach nur Meinungen absondern.

Im Theologiestudium trieb mich die Frage um, ob es so etwas wie eine »Gottes-Erfahrung« gibt: Der Gott der christlichen Offenbarung sei in allem mächtig, er habe sich den Menschen zu erkennen gegeben und sei nach der Botschaft des Jesus von Nazareth einer von uns geworden. Aber was heißt »Gottes-Erfahrung«? Wen oder was erfahren wir Menschen da – doch letztlich wohl immer uns selbst in unserer Sehnsucht nach ihm.

Bald erfasste ich, dass wir über Gott verantwortlich eigentlich immer auf zwei Ebenen sprechen müssen, die beide ihre Vor- und Nachteile haben: auf einer intellektuell-abstrakten Ebene und in der Form von Bildern und Gleichnissen. »Gott ist das asymptotische Woraufhin der unbegrenzten Transzendentalität des erkennenden Geistes und der Freiheit«, las ich bei Karl Rahner – und das fand ich schon eindrucksvoll, vor allem, wenn ich es hier und da mit Vergnügen zitierte und niemand es verstand. »Gott ist wie ein liebender

Vater und eine treu sorgende Mutter« hörte ich in vielen Predigten. Aber was ist, wenn jemand mit den Bildern von Vater und Mutter nur Schreckliches verbindet?

Heute arbeite ich als Seelsorger und Pastoralpsychologe. Das konkrete Leben – das eigene und das der anderen – ist mir näher als abstrakte Gedanken. Deswegen sind es heute eher Bilder und Symbole, die mich berühren und die ich auch selbst benutze bei der Frage, wie Gott in uns wohnt und wo wir ihm also begegnen können. Wir Menschen sind »Geist in Leib«, und eine Spiritualität, die am Leib vorbeigeht, ist mir suspekt.

Meinem Ordensgründer verdanke ich eine kleine Meditation über das Kreuzzeichen, die das alles so zusammenfasst: »Wenn wir das heilige Kreuzzeichen machen, legen wir die Finger der Hand zunächst an das Haupt: das bedeutet Gott den Vater, der von niemandem ausgeht. Dann berühren unsere Finger den Leib: das bedeutet den Sohn, unseren Herrn, der vom Vater gezeugt wird und in den Leib der heiligen Jungfrau Maria hinabstieg. Dann legen wir die Finger an die eine und die andere Schulter: das bedeutet den Heiligen Geist, der da ausgeht vom Vater und vom Sohn. Und endlich, wenn wir unseren Mund mit dem Kreuzzeichen siegeln, so sagt dies: in Jesus unserem Heiland und Erlöser wohnt der Vater, der Sohn, der Heilige Geist, ein einziger Gott, unser Schöpfer und Herr« (Ignatius von Loyola).

Hermann Kügler SJ, Mannheim, geb. 1952

Erfahrungen machen mit Gott

Lange Zeit war für mich Gott ähnlich dem »Mr. Gott«
der kleinen Anna aus Flynns entzückendem Buch:
nicht katechismushaft gefüllt mit vielen Eigenschaften,
sondern »ganz leer«. Ganz leer, weil ständig ganz in
seine Geschöpfe verschenkt. »Göttliche Selbstmitteilung« ist die theologische Vokabel dafür. Ein Gott, der
mit seiner Gegenwart alle seine Geschöpfe durch-
dringt, sich an sie verströmt und deshalb auch nirgendwo anders als in seinen Geschöpfe zu finden ist.
»Gott finden in allen Dingen«, wie der hl. Ignatius von
Loyola sagt. In seinem geistlichen Leben kann sich der
Mensch wie ein Trichter sehen, der die göttliche
Selbstmitteilung auffängt und weiterleitet. Steht dieser
Trichter auf Durchfluss, strömt die Bereitschaft, Gott
zu lieben und zu loben, nur so aus dem eigenen Innern heraus. Der Mensch befindet sich im Zustand des
»Trostes«, heißt das bei Ignatius. Aber es gibt auch
Zeiten, wo der Durchfluss stockt. Der Trichter ist
dann wie weggezogen vom Strahl der göttlichen Mit-
teilung oder aber verstopft. Das Beten wird öde und
trostlos, das Denken an Gott zur Last, von der Bereitschaft zum Lob keine Spur. In solchen Zeiten entdeckt
man, dass es nicht selbstverständlich ist, Gott zu finden
– weder in sich noch in den übrigen Dingen. Man
kann nur auf Gottes Initiative hoffen.
So weit, so gut. Ich war lange Zeit darauf bedacht,
nachdem ich den »Trichter des hl. Ignatius« entdeckt
zu haben glaubte, mein Gebetsleben an diesem Maß-
stab von Trost und Trostlosigkeit auszurichten. Heute
ist mir das zu eng und zu egozentrisch. Gott wird da
zu sehr zum Mittel für mein glückliches Leben; er

soll für mich da sein, statt ich für ihn. »Herr, ich bin dein Eigentum, dein ist ja mein Leben«, beginnt ein Kirchenlied, und nicht »Herr, du bist mein Eigentum«, wie ein alter Mitbruder immer gesungen hat. Mehr und mehr bin ich inzwischen davon überzeugt, dass wir Gott nicht transzendent genug denken können und alle Aussagen darüber, was er tut oder wo er ist, restlos waghalsig sind. Gott wird damit nicht außerhalb aller Wirklichkeit verlagert; er bleibt ihr letzter Grund, ihre »andere Seite«. Aber wir erkennen nicht einfach, wie die Wirklichkeit ist, sondern müssen sie erfahren. Aus den Erfahrungen, die wir mit der Wirklichkeit machen, baut sich unsere Welt auf. Und das gilt auch für Gott. Soweit er in der Welt, in der ich lebe, vorkommt, ist er ein Produkt von Erfahrungen, die ich gemacht habe. Also vielleicht ein sehr kleiner, vager, widersprüchlicher, bedrückender, dann aber auch befreiender, überwältigender und beglückender Gott – je nach den Erlebnissen, aus denen sich meine religiöse Erfahrungswelt speist. Auf jeden Fall aber ist er ein selbstgemachter Gott – diesen religionskritischen Vorwurf kann ich nicht entkräften. Wie sollte ich auch? Wenn ich in meiner Not zu Gott schreie, und die Not wendet sich, ist er der liebende Vater, der mir keine Schlange statt des Fischs gibt (Lk 11,11). Wenn nicht, bin ich verstört und sage, dass er sein Gesicht verbirgt (Ps 104, 29). Welches Gesicht? Die Erfahrungen gehen weiter und meine Gottesbilder verändern sich mit ihnen, weil die Wirklichkeit, auf die sie sich beziehen, immer größer ist als das, was auf der Hand liegt. Das relativiert meine Gottesvorstellungen und gibt ihnen eine Richtung. Sie werden in ihrer Vorläufigkeit zu Anstößen, den angezielten Gott weiter »nach vorn« zu suchen,

Das Gott-Suchen ist das Entscheidende, das Bezogen-Sein auf ihn, nicht das Ihn-Finden, die Erfüllung! Wenn ich mich im Bewusstsein dieser Bezogenheit auf die Wirklichkeit einlasse, wo sollte ich letztlich anders hinkommen als auf ihre »andere Seite«?

Christian Kummer SJ, München, geb. 1945

Quelle des Lebens und der Liebe

An einem Nachmittag im Spätherbst des Jahres 2017 mache ich einen Rundgang durch den Grüneburgpark in Frankfurt. Die Sonne scheint hell und lässt die gelben Blätter auf den mächtigen Bäumen golden aufleuchten. Auf einem Spielplatz hüpfen Kinder und freuen sich mit ihren Eltern. Ich bleibe stehen, schaue und kann nur staunen: In einem unermesslichen, sich entwickelnden Weltall wächst wunderbares Leben, entstehen Menschen, die miteinander sprechen und sich freuen können ... Wie ist das möglich? Ich werde in der Gewissheit bestärkt, dass all dies aus einem Urgrund entsteht, der alles durchwirkt und vernetzt und aus dem auch mir/uns das Leben zufließt. Gott, »bei dir ist die Quelle des Lebens; in deinem Licht schauen wir das Licht« (Ps 36,10).

Ich komme nach Hause, setze mich an meinen Schreibtisch und bald klingelt das Telefon. Ich sehe die Nummer und denke spontan: Oh Gott, wieder dieser arme Mensch! Mehrere Jahre war er obdachlos; jetzt sucht er nach einem Arbeitsplatz und wird überall abgelehnt. Er erwartet konkrete Hilfe. Wo kann er sie finden? Gibt es für ihn eine Quelle befreiten Lebens? Wie kann ein machtvoller Urgrund, der alles durchwirkt, ein solches Schicksal und überhaupt das maßlose Leid in der Welt zulassen? Wie verhält er sich zu den Zerrissenheiten, die es in allen Bereichen der Welt, auch im eigenen Leben, gibt? Ich erfasse es nicht. »Wo ist nun dein Gott?« (Ps 42,4.11).

Auf einem kleinen Tisch in meinem Zimmer liegt eine Christusikone: Jesus hält über einem Kelch ein gebrochenes Brot in seinen Händen und reicht es dar. Ich werde an die Hingabe Jesu »für euch und für alle« er-

innert. Jesus hat sich in barmherziger Liebe den verlo-
renen, zerrissenen, schuldig gewordenen Menschen
zugewandt und ist dem Weg der Liebe auch in Leiden
und Tod treu geblieben. Er tat dies nicht aus eigener
Überlegenheit, sondern aus und in Gemeinschaft mit
Gott, seinem »Vater«. So wird in seiner Hingabe die
Liebe Gottes zu uns Menschen offenbar. Der Blick auf
Jesus kann auch in meinem noch gespaltenen Herzen
Vertrauen und Liebe wecken. »Wo die Liebe und die
Güte, da ist Gott.«

Was bedeutet das für meinen Umgang mit dem armen
Menschen, der mich angerufen hat? Auch in ihm ist
Gott als Quelle des Lebens und der Liebe wirksam,
wenn dies auch wenig erfahrbar ist. So darf ich ihn
nicht gering achten und zynisch behandeln. Wenn ich
ihm auch konkret wenig helfen kann, so verdient er
doch meine Hochschätzung (wie schwer ist das!). Ich
kann das Geheimnis der Liebe Gottes nicht durch-
schauen; aber in der Liebe, die wir einander schenken,
ist sie gegenwärtig. »Ihr Lieben, lasst uns einander lieben: denn die Liebe ist aus Gott, und jeder, der liebt,
ist von Gott geboren und erkennt Gott; denn Gott ist
die Liebe« (1 Joh 4,7f).

So darf auch ich selbst mich ihm anvertrauen: »Herr,
du kennst mein Herz; bei dir bin ich geborgen.«

Erhard Kunz SJ, Frankfurt am Main, geb. 1934

Aus dem Staunen nie herausgekommen

»Gott ist, wonach alle Appetit haben«
(Thomas von Aquin)

Sein ist – und Gott ist das DASS

So mit 14 bis 17 Jahren war ich elektrisiert von der Wirklichkeit der Wirklichkeit: dass es mich gab, dass es die Erde gab, vor allem, dass es überhaupt etwas gibt und ich in all dem existierte. Ein Staunen, eine Bewegtheit, eine Abgründigkeit, eine Erschütterung, die mich mein Leben lang nie verlassen hat. Eine Zeitlang stellte ich nachts so alle anderthalb Stunden den Wecker, um das Wunder des Daseins wahrzunehmen. Von daher ist mir der Gottesname »Ich bin der, der da ist« oder auch »Ich-bin-wo-du-bist« sehr nahegekommen. Gott ist reine Gegenwärtigkeit. Immer und in allem; auch im Erleben von Abwesenheit.

Im Blick auf Jesus – Entdeckung Gottes im Lieben

So mit 15, 16 Jahren schenkte mir eine Tante eine Bibel. In ihr las ich täglich und entdeckte als Zentrum des Lebens und Lehrens Jesu: Gott und die Menschen und sich selber lieben – aus ganzem Herzen, ganzer Seele, mit aller Kraft und dem ganzen Denken. In Christus zeigt sich, dass Gott ein »Philanthrop« (Tit 3,4), ein Liebhaber des Menschen ist, sozusagen durch dick und dünn hindurch: »Eine größere Liebe hat niemand als wer sein Leben hingibt für seine Freunde« (Joh 15,13) – und für seine Feinde: »Als wir noch Feinde waren, hat Gott uns geliebt« (Röm 5,10). Manchmal denke ich: Ich weiß nicht, ob ich an Gott glauben könnte, ohne ihn als »gekreuzigte Liebe« im

Blick auf Jesus zu sehen. Mehr und mehr ist in mir der Wunsch gewachsen, Jesus seinen Gott zu glauben und mich davon tragen zu lassen. Und seit einiger Zeit fühle ich mich fast atemlos vom »Wunder der Vergebung« angesichts der Abgründe menschlicher Grausamkeiten – besonders sichtbar gemacht im Schicksal zerschundener Kinder.

Liebe von unter dem Abgrund her

Ich kenne Angst, kindliche Höllenangst; Hölle, verstanden als das Schlimmstmögliche. Ich habe jahrelang gelebt mit Gewissensbissen, die fast jeder wirklichen Grundlage entbehrten. Befreiend war für mich, mit einem wunderlich-wunderbaren älteren Mitbruder darüber sprechen zu können. Befreiend ist für mich geworden und geblieben, was ich das »Seelennebelgebet« nenne: da zu sein und alles, was mir ins Bewusstsein kommt, aufsteigen zu lassen wie Morgennebel aus einem Acker. Dies hat mir das Wort nahegebracht: »Die Wahrheit wird euch frei machen« (Joh 8,31). Ein befreiendes Wort, in Exerzitien mir einmal zugesprochen, trägt mich besonders: »Der Abgrund der göttlichen Liebe ist unendlich tiefer als jeder Abgrund des Bösen und aller Finsternis.«

Geistes-gegenwärtig

Mit diesem Wort meine ich eine der bedeutsamsten Entdeckungen für mich – Jahre nach dem Theologiestudium: »Gott ist Geist« (Joh 4,24) und christliches Leben ist »Leben im Heiligen Geist«; und das war von Anfang an so. Christliche Gemeinde baut sich auf durch die Gaben des Geistes und lebt von ihren Früchten: Wo Liebe geschieht, Befreiung, Wahrhaftigkeit, Hoffen, Vertrauen, Versöhnung, Dankbarkeit, Lebensfreude, Demut usw., dort geschieht Gott (Gal 5,22f.). Paulus schreibt: »Durch den Geist ist die Liebe Gottes in unsere Herzen ausgegossen« (Röm 5,5) und »Christus ist uns nicht dem Fleisch nach gegenwärtig, sondern im Geist« (2 Kor 5,16) und in der Begegnung von Menschen. – Suchst du Gott, dann halte Ausschau, wo der Geist der Liebe wirkt. Dort ist »Gott in Sicht«. – Und wenn ich auf das Sterben zulebe oder zusterbe auf DAS LEBEN? – »Gott ist ein Gott der Lebenden und nicht der Toten. Für ihn sind alle lebendig« (Mt 22,32).

Willi Lambert SJ, Dresden, geb. 1944

Niemand hat Gott je gesehen

So sehen, wie er ist, kann ich Gott nicht. Keiner hat ihn je gesehen, sagt die Heilige Schrift und fügt hinzu: außer dem einen, Jesus Christus (Joh 6,46). Das Hochgebet der Messe behauptet, die Vollendung bestehe darin, ihn künftig zu schauen »von Angesicht zu Angesicht«.

In jüngeren Jahren hat mich diese Verborgenheit Gottes weniger beschäftigt. Mein Glaube empfing durch das Konzil starke Impulse; auch durch die kirchlichen Aufbrüche in Lateinamerika. Die jugendbewegte Gläubigkeit schaute vor allem auf Jesus Christus, den die Bibel so anschaulich und greifbar machte. Wir sahen einen Jesus, der ganz von Tatendrang geprägt war und uns zur Nachfolge rief. Es war ein Gott der Freiheit, an den ich glaubte – freilich eher einer Freiheit von Tod und Endlichkeit als eines Freiwerdens von Schuld und Sünde. Ein Gott, der Lebenszuversicht schenkt.

Daran schloss das Noviziat der Jesuiten an. Ich bin dankbar für die Gebetsschule dieser zwei Jahre, für die Hinführung zur Unterscheidung der Geister und eine Freiheit in Form der Indifferenz – Offenheit gegenüber Gottes Willen – und zur Ausrichtung auf den Gott der Entgrenzung: *deus maior*. Gott ist größer als alles und alle.

Nach und nach wog es schwerer, dass Gott ein Geheimnis ist und man nur in engen Grenzen etwas sagen kann über ihn, von dem es heißt, dass ich in seiner Gegenwart lebe und an seinem Leben Anteil habe. Es wurde wichtiger, nach dem Gottvertrauen zu suchen, das mich gelassener werden lässt und geschenkt wird, wenn man sich auf Gott einlässt. Wer vertrauen kann, muss nicht alles selber machen. Ich kann dann die Grenzen meiner Kräfte und meiner Moralität besser akzeptieren. Ich kann wissen, dass ich nicht zu kurz komme. Nur: Kann ich solche Erkenntnisse mit Leben füllen und zu einer Gelassenheit finden, die darauf setzt, dass mich Gott liebt und in seiner Liebe birgt? Diesen Gott möchte ich anderen gerne und, so gut wie möglich, auch mit Freude bezeugen – den Gott des gemeinsamen und persönlichen Gebets, der Eucharistiefeiern, der Seelsorgegespräche, des konkreten Engagements für Menschen.

Das alles geschieht inmitten der Vielfalt der Glaubenswege und Religionen. Es wurde mir auch schwerer, einesteils Jesus Christus als *die* Wahrheit zu bekennen und zugleich den Glauben anderer anzuerkennen und zu tolerieren. Die Behauptung ist ja ungemein provokant: es gebe einen Gott und der habe sich unüberbietbar in einem einzigen Menschen geoffenbart und in ihm erlösend gewirkt – Jesus von Nazareth. Am Ende wird man fast wortlos, wenn man diesem Gott in der Betrachtung oder im Gebet oder im Gespräch begegnet.

Und welche Spuren hinterlässt mein kirchlicher Dienst in meiner Vorstellung von Gott? Gott ist jemand, der ein Leben und Zusammenleben in Liebe und Respekt will und fordert. Dem soll die Kirche entsprechen: Sie soll selbst tun, um was es Jesus geht, und sie soll das auch von anderen einfordern. Vor allem soll sie Menschen Mut machen, sich an Gott zu orientieren und dabei auch an sich selbst zu glauben, weil Gott den Menschen mag und liebt. Vertrauen, Hoffnung und Verantwortung gehören zusammen. Daran wirke ich seit vielen Jahren im Sekretariat der Bischofskonferenz mit. Ich weiß: Es geht nicht um bloß institutionelle

Arbeit und Selbsterhaltung der sichtbaren Kirche, sondern um die Verlebendigung einer Atmosphäre der Liebe Gottes.

Damit komme ich zu einem Gebetstext, der mir besonders viel bedeutet: »In dir leben wir, sind wir und bewegen wir uns.« In der katholischen Kirche wird das oft in der Sonntagsmesse gesprochen (Präfation), als Zitat aus der Bibel (Apg 17,28). Gott: Raum meines Lebens? Geheimnis meines Lebens? Zukunft – wie auch immer – und Vollendung? Licht, das uns bergen wird? Diese Vorstellung hat mich in besonders schwierigen Zeiten meines Lebens gestärkt.

Hans Langendörfer, Bonn, geb. 1951

Mein Gedankenexperiment

Ich weiß nicht, ob Sie es sich vorstellen können: Wenn man in Russland von der Stadt aufs Dorf fährt, dann ist das oft eine andere Welt: Toilette auf dem Hof, Wasser zum Waschen muss man vom Dorfbrunnen holen, zum Kochen braucht man Gas aus der Patrone, die Schule ist 30 Kilometer entfernt, das Krankenhaus 40 ... Dazu Alkohol, Arbeitslosigkeit, Gewalt in den Familien ...

Das hat mich auf ein Gedankenexperiment gebracht. Ich stelle mir das völlig Unmögliche vor: Der Sohn eines Oligarchen aus Moskau verliebt sich in eine junge Frau vom Dorf, sagen wir, aus Belostok, Bezirk Tomsk (220 Einwohner). Entgegen dem Rat seiner Eltern und reicher Freunde verbindet er sein Leben mit ihrem. Mehr noch, er beschließt, dass er ihr in nichts überlegen sein darf. Er holt sie nicht zu sich in die Stadt, weil er weiß, dass sie dort nicht zurechtkäme. Er zieht zu ihr aufs Dorf und lebt dort genau wie sie. Und er verzichtet auf seinen ganzen Besitz, Erbansprüche usw., er bricht sozusagen alle Brücken hinter sich ab, um ihr zu zeigen, dass es es wirklich ernst meint. So gut es geht, verheimlicht er vor ihr seine Herkunft. Denn er will sie nicht zu sich ins Schlaraffenland holen, sondern mit ihr gemeinsam ihre Welt annehmen, wie sie nun einmal ist, und umgestalten.

Kaum vorstellbar, dass er so handelt? Gut möglich, dass sie sich darauf nicht einlässt? Das stimmt. Und selbst wenn die beiden zusammenkommen, ist noch nicht gesagt, dass in ihm die Sehnsucht wach bleibt, diese Welt umzugestalten, und es ist nicht sicher, dass er sie mit dieser Sehnsucht »anstecken« kann.

Trotzdem erzählt uns die Bibel, dass etwas noch viel

Unmöglicheres geschehen ist, denn der Sohn Gottes hat seine himmlische Herrlichkeit aufgegeben, weil er sich in uns Menschen verliebt hat und mit uns zusammen unsere Welt umgestalten will. Immer wieder vergleicht die Heilige Schrift Gottes Beziehung zu uns mit einer Verbindung zwischen Bräutigam und Braut. Außerdem habe ich in sechs Jahren Russland gelernt, dass oft das Unmögliche viel wirklicher ist als das, was uns erwartbar und normal scheint. Und wenn ich das Gefühl habe, dass die Taiga, das sumpfige sibirische Flachland, die grenzenlose Steppe oder der Wald, einsam und weit ist und dass ich hier bestimmt keinen nahen Gott spüren kann, wenn die Dunkelheit des Winters übermächtig wird, wenn ich das Gefühl habe, in der Welt aus Passivität und Vergeblichkeit um mich herum und in mir gibt es bestimmt kein göttliches Licht zu entdecken, dann hat doch dies alles nie das letzte Wort.

Denn immer wieder darf ich entdecken, dass Gott in seinem Sohn doch da ist: in dem Menschen, der nach Wahrheit, Gerechtigkeit und Schönheit strebt; in dem Behinderten, der trotz schwerer Krankheit (oder gerade in ihr) nach Sinn sucht; in der Familie, die versucht, Güte, Hilfsbereitschaft und Verzeihung Fleisch werden zu lassen; in den Menschen, für die Liebe stärker ist als Hass. In ihnen ist er bei uns – mir scheint: wie ein Bräutigam bei seiner Braut.

Stephan Lipke SJ, Tomsk (Russland), geb. 1975

Im Anfang erschuf Gott Himmel und Erde (Gen 1,1) – Prinzip und Fundament

In meinem bisherigen Leben habe ich mich der Gemeinschaft der Kirche und ihrem Glauben an den Gott, der uns in der Geschichte seines Volkes und dann in der Person Jesu nahegekommen ist, anvertraut. Dabei stellten sich mir nun aber immer auch, ja in wachsendem Maße Fragen: Ist das alles zutreffend, tragfähig? Und dann habe ich Antworten gesucht und gefunden, wenn ich – ähnlich wie manche große Denker – meine Fragen ganz radikal gestellt habe.

Warum ist überhaupt etwas? Warum ist nicht nichts? Wir können uns nicht ernsthaft vorstellen, es gebe nichts. Also: Es ist nicht nichts, sondern es ist etwas. Hier setze ich an: bei der Wahrnehmung und Anerkennung der Faktizität von Etwas. Es ist das grundlegende Wunder.

Wenn es aber überhaupt etwas gibt, dann ist dieses im Ursprung etwas Absolutes. Gar nicht selbstverständlich, ja aufs höchste verwunderlich ist dagegen, dass es auch Kontingentes gibt, konkret: all das, was uns ausmacht und umgibt: die kommende und gehende Welt und all das, was sie hervorbringt und wieder zu sich zurückruft. Aber wieso gibt es sie? Kann sie aus sich sein? Nein, sie kann nicht aus sich sein. Denn sie ist bei aller Größe und aller Vielfalt doch etwas in sich Begrenztes, in sich Endliches, das aus sich nicht die Kraft hat, sich selbst hervorzubringen. Das bedeutet aber: Sie ist sich selbst gegeben, vorgegeben. Wenn sie sich aber gegeben ist, muss es auch einen Geber geben. Die Welt und alles in ihr ist, weil ein Geber, ein nicht begrenzter, ein nicht endlicher Geist und Wille will, dass sie sei. Und so ist sie. Er ist der Ursprung von allem, und er ist auch das Ziel von allem. Wir nennen diesen Ursprung von allem, ohne den nichts ist, dieses Ziel, zu dem alles auf dem Weg ist, Gott, den Schöpfer und Erhalter der Welt. Eine endliche Welt zu denken, ohne auch einen unendlichen, absoluten Ursprung zu denken, halte ich nicht für vernünftig, ja, es wäre aufs Höchste rätselhaft, ganz unvernünftig.

Wer ernsthaft mit Gott als dem Schöpfer der Welt und seiner selbst rechnet, wird sich auch die Frage stellen, aus welchem Grund Gott denn eine Welt erschaffen und sich gegenübergestellt haben könnte? Wäre es vernünftig zu sagen, er habe es aus willkürlicher Laune heraus getan? Nein. Wäre es vernünftig zu sagen, er habe es tun müssen, so wie die Sonne, ob sie es will oder nicht, einen Hof von Licht und Wärme um sich herum verbreitet? Nein. Es bleibt also nur, dass er es so konnte und in göttlicher Freiheit so wollte. Das einzige Motiv, aus dem heraus er es tatsächlich getan haben kann, lautet: Er wollte in Freiheit, ja aus Liebe das Andere seiner selbst vor sich, bei sich haben. Gott hat einer Welt, seiner Welt, das Sein gegeben, um mit ihr zu kommunizieren. So hat er die Welt als ein Gegenüber, das mit einer wahren Eigenständigkeit ausgestattet ist, geschaffen, damit es schließlich in ihr den Menschen gebe, mit dem solches Kommunizieren sich ereignen kann. Das Drama der Geschichte ist damit angestoßen. Sie ereignet sich, wenn Menschen – gemeinsam und als Einzelne – das Wort vernehmen, das Gott für sie hat, und wenn sie die Gaben empfangen, die er ihnen zu reichen in ihre Geschichte eingetreten ist. In dieser Geschichte habe auch ich meinen Platz, meinen ganz persönlichen.

Werner Löser SJ, Frankfurt am Main, geb. 1940

Gott – ein glühender Backofen
voller Liebe

Gott ist für mich reine Gegenwart und Urgrund aller Wirklichkeit. Er ist mein Fels, auf dem ich stehe. Er trägt mich, wie mich das Wasser im Meer trägt. Er ist mein Atem, wenn ich zu ihm bete. In ihm lebe ich, und er lebt in mir. Er umhüllt mich mit seinem Geist. In ihm finde ich Trost und Frieden. In ihm kann ich ruhen.

Gott ist absolutes und unergründliches Geheimnis, doch in einem hat er aufgehört, Geheimnis zu sein: dass er sich verschenkende und verströmende Liebe ist. Martin Luther vergleicht Gott einmal wunderschön mit einem glühenden Backofen voller Liebe. Ein Backofen kann nicht anders als Wärme verströmen. Und darüber hinaus riecht er wunderbar. So wie ein Backofen sollen wir menschliche Wärme und Güte verströmen. Wir sollen Gott ausstrahlen, barmherzig sein, wie unser himmlischer Vater barmherzig ist. Das heißt vor allem, liebevoll und gütig mit den Schwächen und Fehlern anderer umzugehen.

Gott ist kein apathischer, sondern ein mitfühlender und mitleidender Gott. Er ist der liebende und vergebende Vater des Gleichnisses vom verlorenen Sohn. Er zeigt mir sein menschliches Gesicht in Jesus Christus. In ihm sind die Güte und die Menschenfreundlichkeit Gottes erschienen. Er ruft Sünder in seine Nachfolge. Er hat ein Herz für die Armen und Kleinen. Er geht an keiner Not vorüber. Er gibt sein Leben für seine Freunde. So menschlich wie er kann nur Gott selber sein.

Martin Maier SJ, Brüssel, geb. 1960

Dreifaltig einer

Was bedeutet es für einen Christen, an einen dreieinigen Gott zu glauben? Antworten auf diese Frage füllen Bibliotheken und beschäftigen die Prediger jedes Jahr am Sonntag nach Pfingsten, dem Dreifaltigkeitssonntag. Wirkliche Relevanz scheint die Frage für viele Christen aber nicht zu haben – ganz abgesehen davon, dass viele der Antworten in für den Normalgläubigen kaum verständlichen Begriffen formuliert sind. Höchstens im Gespräch mit überzeugten Andersgläubigen wird man womöglich darauf gestoßen, dass man etwas glaubt, was einem selbst ein Rätsel ist.

Seit einem solchen Gespräch zur Schulzeit lässt mich die Frage nicht los. Über viele Jahre habe ich versucht, sie für mich auf akademischem Weg zu beantworten. Und ja, da gibt es wichtige Hilfen zum Verständnis. Zum Beispiel ist eine wertvolle Erkenntnis, dass das trinitarische Gottesbild kein Ergebnis gelehrter Spekulation ist, sondern Reflexion auf die Erfahrung, welche die frühen Christen mit Jesus gemacht haben. Hätten sie in Jesus lediglich einen Propheten und nicht den Sohn Gottes erlebt, wären viele Bibliotheken leerer und die Prediger hätten einen entspannten Sonntag im Frühsommer.

Und dennoch blieb mir rätselhaft: Wie kann dieser Gott *ein* Gott sein (alles andere würde den Glauben des Juden Jesus an seinen Vater verraten) und dennoch in *drei* Personen, Seinsweisen – oder wie auch immer man diese drei nennen mag – Gott sein? Bei allem Studium konnte ich vor dieser Frage nur verstummen und das Rätsel als ein undurchdringliches Geheimnis akzeptieren – bis ich vor einigen Jahren eine wichtige Erfahrung machte, die ich so in Worte zu fassen versuche: Wenn ich mich darauf einlasse, dass das Rätsel bestehen bleibt und dennoch mein Leben daran halte, fängt das Geheimnis für mich zu sprechen an. Ich entdeckte in dieser rätselhaften Spannung von eins und drei Leben: mein Leben, das Leben der Schöpfung, ja des Kosmos. In Gott ist Einheit und Unterschiedenheit zugleich. Wo ich mich nach Auflösung, nach Eindeutigkeit, nach Einheitlichkeit im Leben sehne, zeigt mir Gott, wie er wirklich alles umfasst, wozu auch das Sperrige, Unklare, Dissonante gehört. Er ist kein monolithisches Gegenüber, sondern ein großes Du voller Dynamik, allgegenwärtig in seiner vielgestaltigen Beziehung zu seiner Schöpfung. Als Vater und Schöpfer ist er Gott über und vor uns, in Jesus ist er Gott mit uns und im Heiligen Geist ist er Gott in uns.

Der hl. Augustinus hat vor vielen Jahrhunderten den menschlichen Geist bzw. das menschliche Bewusstsein in seiner Einheit verschiedener Vermögen als Bild der Dreifaltigkeit verstanden. Damit hat er viele christliche Mystikerinnen und Mystiker zu einem sehr tröstlichen Gedanken inspiriert: Der dreifaltige Gott ruft den gottbegabten Menschen, in seine Dynamik und sein Leben einzutreten wie in einen göttlichen Raum, in dem alles Platz hat, was sich hineinnehmen lässt. Ein Weg dorthinein war für Ignatius von Loyola und ist bis heute für mich und für viele Menschen in ihrem Alltag in der Welt bedeutsam: die Bereitschaft, sich in der Nachfolge Jesu in die Welt senden zu lassen und im Hören auf den Heiligen Geist Gott in allen Dingen zu finden.

Sebastian Maly SJ, Berlin, geb. 1976

Geheimnis meines Lebens

Dankbar will ich von zwei bedeutsamen Erfahrungen meiner Kindheit erzählen. Als etwa Vierjähriger liege ich krank auf dem Sofa. Ich sehe meiner Mutter zu, die auf der Herdplatte unseres Holzofens das Essen bereitet. Da wird mit einem Moment alles anders. Mit einer neuen Wachheit erlebe ich mich selbst, meine Mutter, die Umgebung. In mir gibt es zum ersten Mal den Gedanken und das Gefühl, dass dies alles nur vordergründig ist und vergehen wird. Dieses Erwachen mit dem Geschmack der Vergänglichkeit unserer Welt hat sich tief in mich eingeprägt. Damals schlief unsere ganze Familie in einem Raum. Eines Nachts werden wir alle durch Klopfzeichen ans Fenster gerufen. Der Nachbar braucht Hilfe. In diesem Moment werde ich mit all meinen Sinnen von etwas ergriffen. Ich erlebe die Situation wie von außen, erfahre mich nach oben entzogen und sehe, höre, erkenne alles da unten in schnell wachsendem Abstand. Es zieht mich hinaus in eine große Weite des Weltalls. Angst kommt in mir hoch in dieser Weite und Einsamkeit. Da ist mir, wie wenn jemand mit einer unendlich großen und bergenden Hand mich aufnimmt und trägt. Geborgenheit.
In meiner Jugendzeit war mein Bild von Gott ganz der liebende Vater. Im Laufe der folgenden Jahre ist er für mich immer geheimnisvoller und größer geworden. Auch abgründiger. Kein Kuschelgott. Im Alter von zwanzig durfte ich im Jesuitenorden Jesus von Nazareth in neuer Weise kennenlernen. Er ist »das größte Geschenk meines Lebens« geworden. So habe ich es nach den großen Exerzitien gesagt und niedergeschrieben. Es hat mich ergriffen, ihn zu erleben, zu hören. Es hat mich bewegt, wie in ihm das Geheimnis,

das ich Gott nenne, so nah und verstehbar geworden ist. So würde ich sagen: Er wird mir immer mehr Geheimnis, vor dem ich nur schweigend da sein möchte. Und zugleich liebe ich es, mich seinem *Wort* zuzuwenden, Jesus Christus zu betrachten und von ihm zu reden.

Vor 30 Jahren bin ich an Krebs erkrankt. Seit drei Jahren muss ich mit einer anderen, unheilbaren Krankheit leben. Anfangs fühlte ich mich wie ein geschundener Hund, dem man kaltes Wasser über den Leib gegossen hat und jetzt auch noch einen Fußtritt gibt. Ja, das war das Empfinden vor Gott. Dabei habe ich ihm alles geschenkt. Wie ungerecht! Und wie furchtbar erst, was andere Menschen im Leben oft mitmachen. Die letzten Jahre ist Mitleid mein stärkstes Empfinden geworden. Da kann ich auch weinen. Ein klein wenig durfte ich lernen, mich durch alles Empfinden hindurch fallen zu lassen und tief unten, manchmal im einsamen Abgrund, ihn als meine Heimat zu glauben. Es reifen ein Friede und eine Überzeugung: So wie es sein wird, wird es gut sein. Er wird die Hand sein, die mich und alle Leidenden auffängt.

Warum glaube ich an Gott? Einem erfolgreichen Unternehmer habe ich neulich so geantwortet: nicht wegen der Gedanken der Philosophen oder der Worte der Propheten. Auch nicht wegen meiner eigenen Erfahrungen. Ich glaube einfach den Jüngern, die von seiner Auferstehung erzählen. Jesu Leben und Botschaft überzeugen mich als Licht einer ewigen Wirklichkeit. Das ist es, was mich in das abgründige Geheimnis Gottes fallen und ihn jeden Tag neu suchen lässt.

Josef Maureder SJ, Wien, geb. 1961

Der bettelnde Herr

»Denn im Grunde habe ich ja nichts, was ich darüber noch sagen könnte. Juden und Christen – vergängliche Leser eines erschreckend sinnbildhaften Buches –, sie beide leben seit mehr als viertausend Jahren in der Wahnvorstellung eines allmächtigen, glanzvollen Gottes. Ich jedoch sage, es ist unsere Pflicht, alles aufzugeben, alles zu veräußern zu dem alleinigen Ziel, Almosen zu geben jenem HERRN, welcher nichts sein eigen nennt, nichts vermag, Krüppel ist an allen seinen Gliedern, übel riecht, an allen Dungstätten des Morgen- und Abendlandes nach kärglichem Abfall stochert und seit Ewigkeiten SEINE Angst hinausschreit, INDEM ER AUF DAS GLOCKENGELÄUT DES SIEBENTEN TAGES WARTET. Darum, lieber Lazare, verfluche ich die Erfolgsbesessenen und die Allzuzarten« (Leon Bloy, Brief an Lazare, 18.20.1892).

Anfang der 1980er Jahre befand ich mich in einer Stimmung der Enttäuschung und des Zornes über das, was ich den »Atheismus in der Kirche« nannte: kirchlicher Betrieb ohne religiöses Feuer, dafür umso mehr bereit, sich auf nützliche gesellschaftliche Funktionen reduzieren zu lassen. In Tagebüchern der Zornesphantasien zu schwelgen. Dann stieß ich auf die zitierte Passage, und plötzlich veränderte sich mein gesamtes Gottesverständnis. Es war wie ein Blitz der Erleuchtung, ein Moment des Begreifens. Der radikalkatholische Bürgerschreck Leon Bloy lieferte mir die Stichworte. In meinem Selbst, auch wenn ich in der Rückschau manches von meinen damaligen heftigen Gefühlen und harten Urteilen gelassener sehe oder sogar zurückgenommen habe, sind die Worte über den bettelnden HERRN bis heute lebendig. Ich wurde auf eine Spur gesetzt.

Irgendwann erwischt einen dieser bettelnde HERR auch in der Wirklichkeit außerhalb von Büchern. Dazu brauchte es bei mir noch einige Jahre der Vorbereitung. Nicht jeder, der bettelt, ist schon der bettelnde HERR. Das musste ich noch lernen. Doch eines Tage war es dann so weit: Ein Menschenschicksal fasste mich an, ich kapitulierte. Ich streckte die Abwehrwaffen der professionellen Distanz, der Erklärungen und Rechtfertigungen, der Deutungshoheit, der helfenden Reaktionen auf Nöte. Ich band mich an diese Not, besser: Ich ließ zu, an diese Not gebunden zu werden. Ich erzähle die Geschichte nicht im Detail. Sie ist nicht spektakulär, und meine Rolle in ihr ist auch nicht besonders toll. Meine spärlichen Versuche, sie außerhalb des Raumes von Glauben zu erzählen, sind gescheitert. In leichter Abwandlung von Augustinus meine ich heute: »Wenn du ihn verständlich gemacht hast, ist es nicht mehr Gott.« Die Geschichte ist auch noch nicht zu Ende. Ich kann nur so viel sagen, dass ich in meinem Inneren einen Auftrag hörte: »Übernimm Verantwortung!« Ich versuchte, sie abzuwälzen auf Dritte. Es klappte nicht. Ich fragte zurück: »Warum ausgerechnet ich?«, und hörte so lange Schweigen, bis ich merkte, dass die Frage das Problem war, nicht die ausbleibende Antwort.

Verantwortung ist ein großes, ernstes Wort. Verantwortungsgeschichten werden angereichert durch Erfahrungen von Vertrauen, Liebe und Dankbarkeit. Ich erkenne die Gegenwart Gottes heute besser an dieser unverwechselbaren Mischung aus Ernst und Freude.

Klaus Mertes SJ, St. Blasien, geb. 1954

»... und in Ehrfurcht vor ihn treten«

»Gott ist gegenwärtig. Lasset uns anbeten und in Ehrfurcht vor ihn treten« – so das Lied von Gerhard Tersteegen. Wer Gott ist, kann ich kaum verstehen. Wie er ist, kann ich nur ahnen. Ob es ihn gibt, kann ich letztlich nur glauben.

Doch es gibt ein Signal, sozusagen eine Erkennungsmarke, die mich auf die Nähe Gottes hinweist. Es ist das Empfinden von Ehrfurcht. Als kleiner Junge saß ich hinter unserem Haus am Waldrand in der Frühlingssonne, der noch unbelaubte Wald lichtdurchflutet, die ersten Vögel sangen und ein Teppich von Buschwindröschen stand vor mir in Blüte. Und ich spürte in mir eine tiefe Ehrfurcht, ein Empfinden von Leichtigkeit, Licht und völliger Harmonie. Himmel und Erde schienen sich zu berühren. Ich war hineingenommen in das Ganze. Es war ein Erschauern und zugleich eine sanfte, zugleich unabweisbare Glückseligkeit.

Als Jakob, der Vater der zwölf Stämme Israels, aus Furcht vor seinem Bruder Esau nach Haran floh (Ex 28,10–22), träumte er nachts von einer Himmelsleiter. Und er hörte Gott sagen: »Ich bin mit dir, ich behüte dich, wohin du auch gehst.« Als er aufwachte, sagte er: »Wirklich, der Herr ist an diesem Ort ... Wie ehrfurchtgebietend ist doch dieser Ort.« Die Ehrfurcht führt ihn zum Bekenntnis »Gott ist hier!«. Er stellte den Stein auf, auf dem sein Kopf geruht hatte, übergoss ihn mit Öl und nannte ihn Bet-El (Haus Gottes). Hier wird Ehrfurcht zum Ritual der Gottesverehrung, zur Entstehungsgeschichte des Heiligtums von Bethel.

Das Empfinden von Ehrfurcht ist mir zum inneren Signalgeber geworden. Wenn sich dieses Empfinden nicht einstellt, bin ich unsicher über mein Verhalten. Ich habe mit jemandem einen heftigen Konflikt, Wut steigt auf und ich würde ihm am liebsten heftig die Meinung sagen. Ich bremse mich, um nicht unkontrolliert Porzellan zu zerschlagen. Und dann warte ich, warte mit Blick auf den anderen. Erst wenn sich allmählich wieder ein Gefühl des Respekts und der Ehrfurcht vor dem anderen einstellt, kann ich in rechter Weise antworten. Das kann manchmal einige Wochen dauern.

Ehrfurcht ist ein Geschenk Gottes, direkt von ihm in die Seele gegossen. Im Buch Jesaja (63,17) betet jemand: »Warum lässt du uns, Herr, von deinen Wegen abirren und machst unsere Herzen hart, so dass wir keine Ehrfurcht mehr vor dir haben?« Der Beter hat erkannt, dass das Ausbleiben der Ehrfurcht zu einer Verhärtung, einer Versteinerung des Herzens führen kann. Das Gegenteil von Ehrfurcht ist Verbitterung.

Ignatius von Loyola formuliert im Prinzip und Fundament seines Exerzitienbuches: »Der Mensch ist geschaffen, um Gott, unseren Herrn, zu loben, ihm Ehrfurcht zu erweisen und zu dienen« (EB 23). Je länger ich im ignatianischen Geist unterwegs bin, desto wichtiger wird es mir, »Ehrfurcht zu erweisen«. So komme ich auch zum ignatianischen »Gott in allen Dingen finden«. Denn wenn im ruhigen Blick auf die Wirklichkeit Ehrfurcht aufsteigt, dann weiß ich mich in meinem Suchprozess auf der Spur Gottes.

Franz Meures SJ, Mannheim, geb. 1951

In die Welt – in die Kirche –
zum Kern meiner Persönlichkeit

Ignatius von Loyola lebt in einer Zeit der Globalisie-
rung. Die Welt wird größer als über Jahrhunderte angenommen. Mit jedem in Sevilla oder Lissabon einlau-
fenden Schiff trifft die Kunde bisher unbekannter Völ-
ker ein – zum Teil von Hochkulturen wie Japan und
China, die Europa überlegen sind. Das zu kapieren ist
eine gewaltige Herausforderung, die aber besonders
auf der Iberischen Halbinsel eine große Dynamik
weckt, Intellekt und Spiritualität erfasst. Gefragt sind
die eigenständige kritische Reflexion, das geistliche
Zeugnis unabhängig von Amt und Würde, die persönliche geistliche Erfahrung. Die Zeit steht unter dem
Zeichen zweier anscheinend widersprechender Aufbrüche in die Weite des offenen Meeres hinaus und in
die Abgründe der eigenen Seele hinein. Stimmen werden laut, die das spirituelle Erlebnis unabhängig von
der sakramentalen Vermittlung der Kirche ins Zentrum stellen. Ignatius ist vor und nach seiner kriegsbe-
dingten Verwundung in Pamplona 1521 mit diesem
gesellschaftlichen Wandel konfrontiert und wendet ein
Leben auf, um die drei Pole – Welt, Individuum und
Kirche – in Ausrichtung auf den Ruf Gottes miteinander zu verbinden.
In einer jahrelangen Auseinandersetzung mit den An-
fängen des Jesuitenordens öffnet sich in mir die Einsicht einer tiefen Entsprechung unserer Zeit mit der
von Ignatius von Loyola. Er, in dessen Orden ich eingetreten bin, führt uns heute noch auf seinen Wegen
in die Welt, in die Kirche, in die eigene Seele hinein.
Bevor Ignatius im Herbst 1537 nach Rom kommt,
sieht er in einer verfallenen Kapelle Jesus, das Kreuz

tragend, mit liebevollem Gesicht sagen: »Ich werde dir in Rom beistehen.« Auf diesen Zuspruch vertrauen bedeutet ihm, für die Verkündigung der Frohen Botschaft seine ganze Lebenskraft und die modernsten Mittel einzusetzen. Er orientiert sich an der Verwaltung des spanischen Weltreichs und baut einen Orden auf, der sich von Brasilien über Europa und Indien bis Japan ausdehnt und über ein differenziertes Korrespondenzwesen zusammengehalten wird. Er legt die Fundamente für ein Schulsystem, das die katholischen Länder für gute 200 Jahre prägen sollte. Wichtig ist ihm aber auch die Feier der täglichen Eucharistie, über die er in eine Vertrautheit mit Jesus wächst. Vor ihm wägt er die anstehenden Entscheidungen ab, revidiert immer wieder eigene Vorstellungen, um sich noch mehr dem Willen Jesu anzugleichen, den er aber schließlich mit Entschiedenheit durchsetzt.

Wachsendes Gottvertrauen macht nicht von den konkreten Verhältnissen des Alltags unabhängig, sondern gibt ihnen mehr Gewicht. Ich lasse mich von ihnen motivieren; Ausgangspunkt ist nie die Feststellung bedenklicher Dekadenz. Mich auf die Erfordernisse der heutigen Zeit einzulassen ist keine Alternative zur Kirche, sondern führt in sie hinein und hilft, sich der Aktualität mit größerer Verbindlichkeit zu stellen. Die Suche nach Jesus in den von der Kirche vermittelten Sakramenten entfremdet mich nicht, sondern führt mich zu meinem Selbst, wie ich es aus eigenem Vermögen nie könnte. Die von Ignatius vorgezeigte Verbindung von Welt, Person und Kirche ist das Geheimnis seines Erbes. Gelingt es uns, die drei Pole aufeinander abzustimmen, wachsen wir hin zu einem erfüllten Leben.

Paul Oberholzer SJ, Rom, geb. 1968

Er wird mir noch große Dinge zeigen

Wer bist du, Gott, für mich? Jedes Mal, wenn ich versuche, auf diese Frage eine Antwort zu geben, merke ich, dass das für mich gar nicht so einfach geht. Die Gefahr bleibt, bei einer schnellen einfachen Antwort stehen zu bleiben. Aber ob es das wirklich ist?

Mir bedeutet der alttestamentliche Gottesname JHWH sehr viel. Mein Professor für das Alte Testament hat ihn immer mit »Ich bin der, als der ich mich erweisen werde« übersetzt. Gott lässt sich nicht festmachen, er zeigt sich Tag für Tag neu. Und das ist das Spannende und zugleich auch das Herausfordernde für mich. Tag für Tag möchte er mich neu überraschen und mir etwas von seiner Größe und Liebe zeigen. Aber ganz ehrlich, an manchen Tagen reicht mir mein bereits vorhandenes Arbeitspensum schon. Der Kalender ist voll und der Schreibtisch ein Chaos. Da möchte ich mich nicht auch noch überraschen lassen. Es ist schon genug. Und doch, wenn ich ehrlich auf mein Leben blicke, dann sind es gerade diese Momente, in denen ich offen war, mich auf diese Einladung einzulassen. Letztlich sind es Begegnungen mit Menschen, die unverhofft dastehen und den Tag in ein neues Licht tauchen. Plötzlich entdecke ich etwas auf meinem Weg, den ich schon oft an diesem Tag gegangen bin, und ich bin davon angerührt und inspiriert.

Eigentlich ist es so einfach, Gottes Spuren zu entdecken. Aber halt nur eigentlich. Mir hilft es, während des Tages immer mal wieder kurz innezuhalten und mich zu vergewissern, was gerade ist. Wo bin ich in diesem Augenblick? Und ich rufe mir dann ins Gedächtnis: »Du, Gott, bist da. Ich bin gespannt, was du mir heute noch zeigen willst.« Denn zutiefst in meinem Innern lebt die Überzeugung, dass Gott mir noch große Dinge zeigen wird. Wann es so weit ist und wie und wo es geschieht ... Das soll er entscheiden.

Claus Pfuff, Berlin, geb. 1965

»Erwägen, wie Gott in den Geschöpfen wohnt«

Augustinus fragt im ersten Kapitel seiner *Bekenntnisse*: Was ist früher, Gott anzurufen und ihn zu loben oder ihn zu kennen? Am Anfang der Begegnung mit Gott, so meine Antwort, steht das Gebet: in der Familie, im Luftschutzkeller während der Bombennächte, in der Feier der Eucharistie. Aber kann man Gott anrufen, wenn man ihn nicht kennt? Augustinus antwortet: Ich will dich rufen, indem ich an dich glaube; dieser Glaube ist mir verkündigt worden. Dieser Glaube erhebt jedoch den Anspruch, verstanden zu werden (*fides quaerens intellectum*); er sucht nach einer Vermittlung mit dem Wissen, das unser Leben bestimmt. Dieser Anspruch hat mich zur Philosophie und in den Jesuitenorden geführt. Aber zerstört der Glaube, indem er diesen Anspruch stellt, nicht sich selbst? Hat der Glaube in einem von den Naturwissenschaften bestimmten Weltbild noch einen Platz?

Eine Antwort auf diese Fragen habe ich in der Schlussbetrachtung der Exerzitien (EB 230–237) gefunden. Dieser Text bestimmt mein Gottesbild; er zeigt mir Wege zu einer Gotteserfahrung; er ist der Rahmen, in den ich alles andere einordne. Ignatius fordert uns auf, die Wohltaten der Schöpfung ins Gedächtnis zu rufen. Es geht um eine neue Sicht der Welt; sie ist ein Geschenk; in ihr schenkt Gott uns etwas von dem, was er besitzt. Gott wohnt in den Geschöpfen; ich kann ihn erfahren, wenn ich eine Blume betrachte, der er Leben, Wachstum und Schönheit schenkt. Alles Gute steigt von ihm herab, »wie von der Sonne absteigen die Strahlen«. Es sind vor allem zwei Texte aus der Philosophie, die mir im Anschluss an Ignatius helfen, den Glauben zu verstehen.

Platon nennt das Absolute, das wir als Gott bezeichnen, die »Idee des Guten«. Auf die Frage, was das Gute sei, gibt er keine Antwort; »was mir aber als ein Sprössling des Guten erscheint und ihm sehr ähnlich ist, das will ich euch sagen«. Dieser Sprössling des Guten ist die Sonne. Sie macht die Dinge dieser Welt sichtbar, und sie gibt ihnen Werden, Wachstum und Nahrung, ohne selbst ein Werden zu sein; entsprechend erhält in der Welt der Erkenntnis das Erkannte von der Idee des Guten nicht nur das Erkanntwerden, sondern auch das Sein und das Wesen. »Und doch ist das Gute nicht Wesen, sondern es steht noch jenseits des Wesens und übertrifft es an Würde und Macht« (*Staat* 505a–509b).

Wir können, so kritisiert Kant den Gottesbeweis aus der Zweckmäßigkeit der Natur, »die Zwecke in der Natur als absichtliche eigentlich nicht *beobachten*«; deshalb können wir nicht »objektiv-dogmatisch« behaupten: »Es ist ein Gott.« Dagegen ist »die eingeschränkte Formel erlaubt: Wir können uns die Zweckmäßigkeit, die selbst unserer Erkenntnis der inneren Möglichkeit vieler Naturdinge zum Grunde gelegt werden muss, gar nicht anders denken und begreiflich machen, als indem wir sie und überhaupt die Welt uns als Produkt einer verständigen Ursache (eines Gottes) vorstellen« (*Kritik der Urteilskraft*, B 336f.).

Friedo Ricken SJ, München, geb. 1934

Der Gott des Lebens

Gott ist für mich Anfang und Ende, Ursprung und Vollendung, der, von dem ich komme, und der, zu dem ich zurückkehre. Er ist der Schöpfer dieser Welt und er hat sie, er hat mich aus Liebe geschaffen. Gott zu ergründen – wenn das denn möglich ist – bedeutet für mich, das Leben zu ergründen. Leben ohne Gott ist für mich so wenig vorstellbar wie Gott ohne Leben. Dieser Gott bleibt nicht abstrakt, bleibt nicht hinter dem Geschaffenen als irgendeine Energie oder Macht verborgen, sondern er offenbart sich. Er nimmt Kontakt auf mit seiner Schöpfung, mit mir, und zwar auf eine ganz erstaunliche, ja unglaubliche Art und Weise: Er wird selbst Mensch in Jesus von Nazareth.

Gott lebt ein Leben – sicher ganz anders als ich heute. Und doch wird er dabei mit den gleichen Fragestellungen, Freuden, Sorgen und Ängsten wie heutzutage konfrontiert. Er lehrt uns, wie unendlich wertvoll ein jedes Leben ist. Da staune ich dann und bin beschämt über meinen Hochmut. Er lehrt uns, dass wir in Gott einen Vater haben, zu dem wir immer kommen dürfen, in Freud und Leid und auch, wenn wir uns komplett verrannt haben. Das gibt mir Mut, wenn ich auf mich und meine Schwächen blicke, und macht mein Herz weit. Er lebt mitten unter uns und geht auch dem Schweren nicht aus dem Weg. Da ist er mir Vorbild und Trost in all dem Leid, das es bei uns gibt. Er hat Angst vor dem Tod und nimmt ihn doch auf sich, damit der Tod tot ist und nicht mehr wir. Der Gott des Lebens hat durch sein Leben und sein Sterben für uns, ja für einen jeden Einzelnen von uns das ewige Leben eröffnet.

Ab und zu überlege ich, ob ich genug Ehrfurcht vor ihm habe, ob ich ihn mehr fürchten sollte, er ist doch

Gott – was bin da ich? Aber ich kann keine Angst vor ihm haben, dafür liebt er uns viel zu viel. Und so versuche ich, aus dieser Liebe zu leben, sie weiterzugeben und zu verkündigen, damit in dieser, seiner und meiner Welt das Leben immer stärker wird. Das gelingt mal besser und mal schlechter, aber so ist das eben hier auf Erden. Und dann, irgendwann, bin ich neugierig auf das, was da kommen wird, wenn ich vor ihn treten darf und ihm mein Leben zurückgebe.

Hans-Martin Rieder SJ, Göttingen, geb. 1980

Gott erscheint mir immer mehr
wie in der Bibel

Ich bin dankbar, dass sich mein Zugang zu Gott zunächst über die Heilige Schrift ergeben hat. Da las ich einerseits von Gottes Wirken in der reichen Geschichte Israels. Andererseits lernte ich, dass sich von ihm kein Bildnis machen lässt. Er ist der ganz Andere. Alles, was wir über ihn sagen, ist Gleichnis. Diese Spannung von Gott, der sich zugleich offenbart und verhüllt, erscheint mir wahr. Durch das Studium kam mir eine naive Bibellektüre abhanden, doch groß war der Gewinn: Gott führt durch die komplexe Geschichte hindurch, wie die Bibel entstanden ist. Und wenn von Gott als Vater oder König gesprochen wird, sind dies Bilder. Selbst wenn ich von Gott als Kraft, Licht oder höherem Wesen spreche, sind dies Bilder. In der Auseinandersetzung, welche Bilder für Gott zu verwenden sind, bin ich – untypisch für unsere Zeit – zum Schluss gekommen, dass Gott personal zu bezeichnen am sinnvollsten ist. Ich ziehe den Bildern aus der Physik und Mechanik wie Kraft oder Licht, das Bild des Menschlichen vor, weil der Mensch das komplexeste und geheimnisvollste Geschöpf ist. So habe ich keine Scheu, Gott Mutter oder Vater oder König zu nennen. Weil es Bilder für Gottes Handeln sind, sind sie gesellschaftskritisch: Wenn Gott der wahre Vater ist, werden daran die irdischen Väter gemessen; wenn Gott der wahre König ist, werden alle Mächtigen von ihm her kritisiert; wenn Gott Mutter genannt wird, werden alle Mütter dadurch in Frage gestellt.

Dankbar bin ich auch für die Gotteserfahrungen, die mein Leben durchziehen. Sie haben mich tief geprägt

und motiviert. Sie sprechen meine Sinne an und fordern existentiell heraus. Diese Erfahrungen habe ich
im biblischen Glauben gedeutet. Dieser relativiert die
gefühlsmäßigen Anteile darin und unterstreicht die
damit verbundene ethische Herausforderung. Ja, die
erfahrungsmäßigen Anteile deute ich heute vor allem
psychologisch und schaue fast wie ein säkularer
Mensch auf sie. Sie sind aber von Gott, insofern sie
zum Läuterungsprozess beitragen, bis der Mensch zum
Unmittelbar-Göttlichen durchbricht. Das Wort Gotteserfahrung scheint mir aber gar nicht passend, denn
der Mensch kann *etwas* erfahren, aber nicht *jemanden*,
schon gar nicht Gott. Ich spreche daher lieber von
Gottesbegegnung. Diese zeigt sich in einem Anruf
und Auftrag, im Angesprochensein. Die Propheten in
der Bibel erschrecken zum Beispiel davor, weil sie
überfordert sind. In diesem Sinne bete ich täglich,
Gott möge mir begegnen, mich anrufen und mir seinen Willen zeigen, im selben Atemzug aber auch:
Gott, lass mich in Ruhe! Ich weiß, dass der Heilige
überfordert. Tröstlich daran ist die Gewissheit, dass ich
Gott dem ganz Andern und nicht nur Tiefenschichten
meiner Seele begegne. Gott nehme ich also immer
weniger im Numinosen wahr, in Kraft und Energie-
übertragung. Ich werde ein moderner Zeitgenosse. Ich
erlebe ihn aber in der ethischen Aufforderung. Die
heidnische Gotteserfahrung in mir wird so in ein
wirklich biblisches Erleben von Gott hineingeformt.
Für diese Transformation bin ich dankbar. Sie führt
dazu, dass ich im Alltag für das Zusammenspiel von
Menschen wach bin. Auch versuche ich, Gott in meiner Aktivität bewusst Raum zu lassen. Nicht alles soll
von meinem Tun bestimmt sein. Was ich dann im Ta-
gesgeschäft erlebe, ist oft ein *Mehr* als Auswirkungen

und Folgen von menschlichem Handeln. Darin kann ich Gottes Wirken erleben – und auch erfahren.

Christian Rutishauser SJ, Zürich, geb. 1965

So ist Gott nicht …

In der Oberstufe des Gymnasiums hatten wir einen Religionslehrer, an dem ein Philosophieprofessor verlorengegangen war. Er jagte uns durch die Gottesbeweise der heiligen Anselm von Canterbury und Thomas von Aquin. Meine Herren, erklärte er zur Begründung, wenn heutzutage ein Bischof in einem Interview gefragt würde, warum er an Gott glaube, würde er nicht auf irgendwelche frommen Erfahrungen verweisen, sondern darauf, dass man die Existenz Gottes rational begründen kann. Zum Glück hat sich der Lehrer in seiner Einschätzung des Episkopats wohl geirrt. Aber zumindest in einer Hinsicht gebe ich ihm Recht, dass nämlich unser Denken dem Glauben an Gott nicht schaden kann.

Als ich später selbst Religion unterrichtete, pflegte ich meine Schülerinnen und Schüler herauszufordern, indem ich zu ihnen sagte: Ihr dürft glauben, was ihr wollt, aber nicht unter meinem Niveau! Den arroganten Tonfall der Maxime nahm ich in Kauf, um die Jugendlichen aus der Reserve zu locken. Auch wer nicht an Gott glaubt, ist sich und anderen – in diesem Fall dem Religionslehrer – Rechenschaft schuldig, wer oder was es ist, von dem er oder sie nicht überzeugt ist. Bis heute erlebe ich es als übergriffig, wenn Einzelne, seien es einfache Gläubige oder gebildete Theologen, ganz genau zu wissen beanspruchen, wie Gott ist, was Gott tut und was Gott will. Beim Lesen der Evangelien bin ich mir nicht einmal sicher, ob Jesus das immer so genau wusste. Jesus war mit Gott unterwegs und er vertraute ihm ganz. Möglicherweise erst im Lauf seines Lebens wurde ihm Schritt für Schritt deutlicher, wer der Gott war, den er im Gebet seinen Vater nannte.

Seit ich vor 30 Jahren mit dem theologischen Grundstudium begann, werde ich immer wieder gefragt, wie sich meine philosophischen Interessen mit meinem persönlichen Glauben vertragen. Meine Antwort ist im Wesentlichen die gleiche geblieben. Der Gott des Gebets und der Liturgie ist für mich kein anderer als der Gott, nach dem wir denkend fragen. Wie sollte ich an einen Gott glauben können, der meinen sonstigen Überzeugungen und meinem Bild von der Welt zuwiderläuft?

Aus diesem Grund werde ich skeptisch, wenn jemand die Orte, an denen wir Gott begegnen, gegeneinander ausspielt: Gott findet sich in der Tiefe des eigenen Herzens und nicht bei der gemeinsamen Feier des Gottesdienstes. Oder: Gott trifft man unter den Menschen und nicht in der Zelle eines Klosters. Oder: Gott zeigt sich in der Erfahrung der Natur und nicht in den Gedanken, die sich irgendjemand über ihn gemacht hat. Woher weißt du das, frage ich mich dann jedes Mal.

Der Gott, an den ich glaube, hat keine Angst davor, sich suchen und entdecken zu lassen. Herz und Verstand, innere Sehnsucht und äußere Begebenheiten stehen für ihn in keinem Gegensatz zueinander. Wenn ich Gott nähergekommen zu sein meine, überrascht er mich. Gott ist anders und größer, als ich ihn mir ausgemalt oder gedacht habe. Doch das gehört für mich zum Glauben an Gott dazu: anzuerkennen, dass er meine Vorstellungskraft übersteigt. Ohne daraus gleich den absurden Schluss zu ziehen, etwas, das meine Vorstellungen übersteigt, könne es deshalb nicht geben.

Georg Sans SJ, München, geb. 1967

Alles meinem Gott zu Ehren …

Als Lehrling und in der Berufstätigkeit wurde mir klar: Mein Gott setzt sich für die Menschen ein. Er ist ein solidarischer Gott und möchte vom Menschen, dass er auch solidarisch ist. So wurde ich Mitglied in der Gewerkschaft. Engagierte mich in Kirche und Gesellschaft. In meinem Urlaub nahm ich an internationalen Baulagern für soziale Projekte in Europa teil. Hier wuchs auch mein Wunsch, Jesuit zu werden. Im Noviziat machte ich das erste Mal Exerzitien. Besonders erkannte ich in Jesus seine Liebe zu mir, so wie ich bin. Er will mich in seiner Gesellschaft. Dazu sagte ich ja. In den elf Jahren als KAB-Präses wurde mein Lieblingslied »Alles meinem Gott zu Ehren in der Arbeit in der Ruh«. In vielen Solidaritäts-Gottesdiensten für Menschen, die ihre Arbeit verloren hatten, wurde es mit allen Strophen gesungen. Es enthält die Licht- und Schattenseiten des Lebens und ist ein Mutmacher. Mit Gott kann man Mauern des Lebens überspringen.

Mein Lieblingsgebet für meine Gottesbeziehung ist seit Jahren das Tagesgebet der Bittmesse: »Gott, unser Vater, alles Gute kommt allein von dir. Schenke uns deinen Geist, damit wir erkennen, was recht ist, und es mit deiner Hilfe auch tun. Darum bitten wir durch Jesus Christus.«

Hier wird mein Gott in drei Personen angesprochen. Es hilft mir, wenn ich nicht mehr weiterweiß, nicht nur in dunklen Stunden. Wichtig ist hierbei: Ich darf meinen »eigenen Vogel« nicht für den Heiligen Geist halten! Deshalb: Was macht die Erkenntnis aus mir? Gibt sie mir Trost und Zuversicht oder Traurigkeit und Angst? Das Positive wird getan!

Seit meiner Kindheit bis heute ist mein Gott für mich

am höchsten gegenwärtig in der heiligen Messe. Schon am Anfang versammeln wir uns »Im Namen des Vaters und des Sohnes und des Heiligen Geistes«. So ist Gott nicht nur im Wort und Sakrament der heiligen Kommunion anwesend, sondern auch unter den anwesenden Menschen. Es ist ein gegenseitiges Geben und Nehmen. Die Gläubigen bekennen: »Deinen Tod, o Herr, verkünden wir, und deine Auferstehung preisen wir, bis du kommst in Herrlichkeit.« Nach dem Hochgebet verkündet der Priester: »Durch ihn und mit ihm und in ihm ist dir, Gott, allmächtiger Vater, in der Einheit des Heiligen Geistes alle Herrlichkeit und Ehre jetzt und in Ewigkeit.« Die Gemeinde antwortet: »Amen.« Zum Ende der heiligen Messe erteilt der Priester den Gottesdienst-Besuchern den Segen des Dreieinigen Gottes. Alle bekreuzigen sich. Der Gottesdienst geht weiter im Leben. In Solidarität mit Menschen für Glaube und Gerechtigkeit in einer globalisierten Welt.

Für die Zukunft hilft mir mein Gott mit der letzten Strophe meines Lieblingsliedes: »Alles meinem Gott zu Ehren, der dem Himmel uns geweiht, unser Leben will verklären nach den Leiden dieser Zeit. Gott allein will ich vertrauen, um ihn einst im Licht zu schauen: Gib, o Jesu, dein Geleit! Gib o Jesu, dein Geleit!«

Wichtig ist mir: dranbleiben und Gott weiter suchen im Leben!

Otto I. Schabowicz SJ, Göttingen, geb. 1947

»Wo der Geist des Herrn ist, da ist Freiheit« (2 Kor 3,17)

Man kann sich heute kaum mehr vorstellen, welche Wirkung der französische Existentialismus Anfang der 1960er Jahre auf uns junge Christen hatte. Unser Weltbild wurde kräftig durcheinandergerüttelt. So sahen wir etwa mit unserer Schulklasse »Die Fliegen« von Jean-Paul Sartre, in dessen Zentrum ein Dialog zwischen Gott und Mensch steht, im Stück zwischen Jupiter und Orest: Jupiter beruft sich dort auf seine absolute Herrschermacht: »Wer hat dich denn geschaffen?« Orest: »Du, aber du hättest mich nicht frei schaffen sollen [...] Ich *bin* meine Freiheit. Kaum hast du mich erschaffen, so habe ich auch schon aufgehört, dein eigen zu sein.« Erregt diskutierten wir die scheinbar unausweichliche Alternative: Entweder ich glaube an Gott und nehme Abschied von meiner Freiheit, oder ich halte mich für frei und muss Gott den Abschied geben.

Ich hatte damals ziemlich zu kauen an dieser scheinbar unaufhebbaren Aporie meines Glaubens. Den entscheidenden Schlüssel zur Lösung verdanke ich dem Bibelstudium im Noviziat, das P. Clemens Stock leitete. Er lenkte in seiner ihm eigenen Nachdrücklichkeit unsere Aufmerksamkeit auf die Worte, mit denen Jesus seine Verkündigung eröffnet: »Die Zeit ist erfüllt; die Herrschaft Gottes ist nahegekommen. Kehrt um und glaubt an (diese) frohe Botschaft« (Mk 1,15).

Jesus verkündet, so wurde uns erklärt, in Entsprechung zum ersten Gebot vom Sinai die Herrschaft des einen Gottes. Er verkündet diese Herrschaft als eine uns zugewandte und diese Zuwendung zu uns als Konsequenz seiner Treue zu seinen Geschöpfen. Unsere Anerkennung dieser Herrschaft macht sie jetzt bereits wirksam,

also »wirklich«, in uns und befreit uns von allen irdischen Machtansprüchen, die ohne Relativierung durch
die Macht Gottes zu Dämonen werden (so wurde uns
die Entmachtung der Dämonen durch Jesus erläutert).
Nun also war es für mich klar: Der Glaube an Gott
steht unserer Freiheit nicht im Wege. Er begründet
und sichert sie vielmehr. Mein späteres Philosophie-
und Theologiestudium war im Wesentlichen für mich
die Entfaltung dieser Grundbotschaft Jesu. Karl Rahner half mir tiefer zu begreifen, dass wir Menschen ohne den Bezug zu Gott eingeschlossen wären in endliche Strukturen. Wir wären ihnen ausgeliefert, also kei-
nesfalls frei. Frei sind wir durch die Fähigkeit zur
Transzendenz, d.h. zur Überschreitung aller endlichen
Bedingungen, eine Fähigkeit, die uns nur der unendliche Gott geben kann. Als Schöpfer hat er uns zu dieser Transzendenzfähigkeit ermächtigt und sie in Jesus
in wunderbarer Weise bestätigt und geklärt. Denn indem Gott als Mensch auf unsere Seite trat und den
Weg mit uns ging, hat er unsere geschaffene Bestim-
mung zur Freiheit konkretisiert, und zwar zu dem einen Doppelgebot der Liebe (Mt 22,37ff u. par.), das
alle Moral begründet und das darin besteht, Gott zu
lieben, »weil er uns zuerst geliebt hat« (1 Joh 4,19),
und in seine Liebe einzustimmen (zu mir und zum
Nächsten), denn: »Wenn Gott uns so geliebt hat, müssen auch wir einander lieben« (1 Joh 4,11). Nur in dieser Gewissensbindung sind wir frei. Doch ist diese
Bindung kein äußeres Diktat, sondern sie ist gefordert
von unsrem eigenen Freiheitsstreben, das von Gott
selbst in uns geleitet wird, von seinem Geist, denn:
»Wo der Geist des Herrn ist, da ist Freiheit.«

Josef Schmidt SJ, München, geb. 1946

Mehr und anders: Gott

Unendliche Schönheit, eine Sehnsucht, die erfüllt werden will, eine Ahnung von etwas Großem: So könnte ich meine Gefühle beschreiben, als ich nachts über den Strand einer Insel wanderte, das Mondlicht schien, Wellen rauschten und der Wind Musikfetzen von einem vorbeifahrenden Dampfer herüberwehte. Auch wenn ich damals erst 16 Jahre alt war, ich war ergriffen.

Gott soll uns lieben wie ein guter Vater und eine liebende Mutter, sagt mir ein Schweizer Hochgebet. Aber wie denn? Mit den vielen Zeitgenossen, die mit ihrem Vater eher Schwierigkeiten hatten, bedeutet mir dieses Bild wenig oder nichts. Liebende Mutter? Ja, sicher.

Aber Vater und ich sahen selten Auge ins Auge. Ich musste um meinen Weg kämpfen, denn er entsprach nicht den Vorstellungen meines Vaters.

Als ich mich 1980 durch Ordensgelübde mehr in den Dienst der Sache Jesu stellte, war mir ein Wort des Ignatius ganz zentral und wichtig geworden: »Denkt daran, dass euer Herr euch liebt, woran ich keinen Zweifel habe, und antwortet ihm mit der gleichen Liebe.« Wow, das war stark! Gott liebt mich und hat mich sogar zuerst geliebt, noch bevor ich mir seiner bewusst wurde!

»Du sollst Gott, deinen Herrn, lieben mit deinem ganzen Herzen und deiner ganzen Seele und mit all deiner Kraft. Und du sollst den Nächsten lieben wie dich selbst.«

Das ist einfach großartig und immer nur bruchstückhaft zu verwirklichen. Auch für Idealisten: eher eine Überforderung! Solch eine große Liebe, die Gott zu uns hat, könnte im Gegenzug unser eigenes Herz schlichtweg zerspringen lassen.

»Wie Brot, das gebrochen wird«, lautet der Titel eines Buches von meinem Mitbruder Piet van Breemen.

Brüche gab es in meinem Leben: lebensbedrohende Situationen, Autounfälle, beinahe Ertrinken, Scheitern von Arbeiten, das Aufbrechen ungelöster Konflikte in der Mitte des Lebens, Wechsel der Kontinente und Kulturen, Neuanfänge. Die Nachfolge Christi kann streckenweise mühsam sein.

Ich schreibe heute als Klinikseelsorger. So, wie Gott mich bewahrte, führte und beschützte, so nimmt er sich der Menschen an, besonders der Armen, der Gebrochenen. Ohne meine Erfahrung von Scheitern und Brüchen, aber auch vom Gehaltensein in Gottes Liebe, könnte ich gar kein guter Seelsorger der kranken Menschen sein. Ohne den Mund zu voll zu nehmen: Mein eigenes Leben ist ein Beispiel für Gottes große Liebe und für sein Erbarmen.

Der Sohn Gottes wäscht den Jüngern die Füße, heilt Kranke, ist Freund mit den Armen. Er sammelt uns alle zum Mahl, er teilt Brot und Wein, lässt uns teilhaben an Gottes Herrlichkeit.

Was habe ich davon? Jesus sagt es: Selig seid ihr, wenn ihr lieben lernt; selig seid ihr, wenn ihr Güte wagt. Selig seid ihr, wenn ihr Leiden merkt (GL 458, 2). Je mehr ich versuche, wie Jesus Gottes Willen zu entdecken und zu tun, desto eher wird Gott mich doch in seiner neuen Welt des Friedens willkommen heißen. Auf seine große Barmherzigkeit hoffe ich.

Wolf Z. Schmidt SJ, Nürnberg, geb. 1956

»Mit Gott wird man nicht fertig«

Als Schüler des Gymnasiums der Zisterzienserabtei Marienstatt hatte ich mit einigen anderen Mitschülern aus der Klasse guten Kontakt zu P. Karl Wisser (Spitzname: »Carolus«). Dieser Mönch, der auch nach der Altersgrenze in der Schule noch unterrichtete und nach meinem Eindruck aus einer überwundenen Skepsis heraus lebte, antwortete einmal auf die provokante Frage, ob es im Kloster nicht doch langweilig sein müsse: »Im Kloster ist es nicht langweilig, denn mit Gott wird man nicht fertig.« Diese Antwort ist mir lange nachgegangen und die Szene steht mir auch heute noch lebendig vor Augen. »Mit Gott wird man nicht fertig« – das gilt freilich nur dann, wenn ich mich auf ihn einlassen will, wenn ich aus welchen Gründen auch immer nicht der Meinung bin, mit ihm fertig zu sein.

Im Laufe der Jahre hat es – was auch nicht verwunderlich ist – immer wieder einen Wandel in meinen Gottesbildern, meinen Vorstellungen von ihm und meinem theologischen Denken über ihn gegeben. In den Zeiten als Schüler und Student der Philosophie stand Gott als Schöpfer von allem, was ist, im Vordergrund. Mit angestoßen durch die jeweilige Lektüre im Deutsch- und Geschichtsunterricht beschäftigten mich mehr und mehr die Fragen nach der Allmacht und Güte Gottes angesichts des Leids der Unschuldigen, der verheerenden Naturkatastrophen und vor allem der abgründigen Verbrechen an den Juden während der NS-Zeit. Die sogenannte Theodizee-Frage ist ein ständiger Stachel in meinem theologischen Denken wie auch in der Verkündigung und geistlichen Begleitung von Christinnen und Christen – gleich welchen

Alters – geblieben. Oft enden meine Gespräche mit Schülerinnen und Schülern, mit Studierenden, mit Rat suchenden Menschen mit dem Hinweis: Gläubige Menschen haben im Unterschied etwa zu Nichtgläubigen einen Adressaten für diese Frage – in besorgter Anfrage, Klage oder lautem und leisem Protest. An wen können sich eigentlich die Nichtgläubigen gleich welcher Couleur wenden? An anonyme Schicksalsmächte? Oder an den Lauf der Dinge, der nun einmal so ist, wie er ist? Oder lässt sich mit der Antwort leben, dass es im Leben eben so sei, dass die einen Glück und die anderen leider Pech haben, ohne dass man dabei zynisch wird?

Was aber bringt mich dazu, mich von Gott beanspruchen zu lassen? Es besteht ja die Gefahr, sich ihm zu verschließen oder sich vor ihm wie Adam und Eva zu verstecken. Die einfache Antwort lautet: Ich kann mich von ihm beanspruchen lassen, weil ihm so viel an mir liegt, noch einfacher: weil er mich liebt. Wenn Gott mich und Menschen insgesamt beansprucht, dann stets so, dass er uns unbedingt respektiert, d.h. unsere Freiheit achtet. Er setzt sich nicht mit Macht durch, um uns für sich zu gewinnen. Und woran kann ich das erkennen? Am Verhalten seines Sohnes Jesus Christus, an dessen Treue zum Willen des Vaters, an dessen Lebenshingabe für uns bis an sein Ende am Kreuz. Daran kann ich erkennen, was es bedeutet: Gott liebt uns, Gott liebt mich. Bei Søren Kierkegaard heißt es hierzu: Für uns »kommt Gott auf diese Welt, lässt sich gebären, leidet, stirbt; und dieser leidende Gott, er bittet beinahe und fleht diesen Menschen an, diese Hilfe doch anzunehmen, die er anbietet! Wahrlich, gibt es etwas, worüber man den Verstand verlieren könnte, so doch wohl für dies! Jeder, der nicht demütigen Mut hat, dass er dies zu glauben wagt, er ärgert sich.«

»Mit Gott wird man nicht fertig« – aber es gibt wohl genügend gute Gründe, sich von dieser Wahrheit beanspruchen zu lassen.

Josef Schuster SJ, Frankfurt am Main, geb. 1946

»Reife Naivität«

Weil ich das Predigen (in allen möglichen Variationen) für den Beruf des Jesuiten für wichtig hielt, sah ich mich immer mehr dem Dilemma ausgesetzt, das Hilarius von Poitiers so formuliert: »Es blieb mir nichts anderes übrig: Mit meinen eigenen ungeschickten Worten versuchte ich die unaussprechlichen Mysterien zu erklären. An die Zufälligkeiten der menschlichen Sprache lieferte ich die Geheimnisse aus, die eigentlich in der gläubigen und ehrfürchtigen Seele verwahrt bleiben müssten.« Dazu passt eine ähnliche Erkenntnis: Unsere Worte über Gott sagen uns mehr über uns selbst als über Gott.

In meiner Lebensgeschichte gab es dieses Problembewusstsein zunächst nicht. Der Glaube war da. Er war unhinterfragt und er war kindlich naiv, eingebettet in eine dörfliche Gemeinschaft, die wie selbstverständlich praktizierte, was mit dem Glauben an Gott und mit dem Sprechen über ihn oder mit ihm zu tun hat.

Mit der Wahl des Berufsweges und in den Wechselfällen des Lebens, in den Ereignissen, in den Begegnungen mit Menschen und mit Büchern und im eigenen Nachdenken geriet dies alles auf das Terrain des gar nicht mehr so Sicheren. Die notwendige Auseinandersetzung mit der »Aufklärung« macht nicht unbedingt ungläubiger oder arroganter, aber vieles wird in Glaubensdingen – wenigstens zeitweise – komplizierter oder belasteter. Aber wer muss zu einem befreiten Glauben nicht da hindurch?

Viele Hilfen habe ich auf diesem Weg zum reiferen Vollzug des Glaubens erfahren: Die Theologie vor allem, besonders aber auch die Begegnung mit glaubwürdigen Menschen wie zum Beispiel mit meinem einstigen Ordensoberen Pedro Arrupe, auch die intellektuellen Anstrengungen kluger Autoren, die Feier der Sakramente, das tägliche Einüben und das Sortieren und das Auswerten des Erfahrenen, die Erprobungen in konkreten Gemeinschaften, das Staunen über die Tapferkeit und Hilfsbereitschaft von Mitchristen, die selber um den Glauben rangen, und nicht zuletzt die Exerzitien – all dies waren Wegweiser auf dem manchmal steinigen oder nebligen oder sonnenbeschienenen Weg.

Was das Reden über Gott angeht, bleibt das Dilemma: Je konkreter wir uns den Himmel und die Ewigkeit ausmalen (mit den Thronen, dem Festmahl, dem Halleluja, dem Paradies), umso falscher kann es werden. Und je vager wir stattdessen zu sprechen suchen, umso verdunsteter und hoffnungsloser kann es werden.

Weil ich ja nicht mehr lange zu leben habe, versuche ich, mein Ende oder meinen neuen Anfang schlicht und doch ergreifend als »Sterben in Gott hinein« zu erkennen (im Wissen: »Stückwerk ist unser Erkennen«). Oder – mit einem Wort des Juan Polanco über den Tod des hl. Ignatius – vereinigt zu sein »mit dem Abgrund aller Gnaden und dem Ursprung alles Guten«. Damit kann ich dann meist wieder leicht zum Alltag übergehen. Und da habe ich im Alter die erstaunliche Entdeckung gemacht, dass alte Kindergebete oder sonstige Formulierungen, die ich einst als untauglich oder wenigstens als schief abgelegt oder vergessen hatte, wieder neue Kraft gewinnen: Bilder, vorformulierte Gebete, Stoßgebete, Hymnen und schließlich immer wieder: »Jesus«. Kann man so etwas dann vielleicht »reife Naivität« nennen?

Vitus Seibel SJ, Berlin, geb. 1935

Alles, aber nicht Gott

Das große Altarbild meiner Heimatgemeinde ist durch einen beeindruckenden Salvator geprägt, einen Auferstandenen im roten Umhang. Grüßend und segnend schreitet er gleichsam in den Kirchenraum hinein – als (Erstkommunion-)Kind und junger Messdiener war ich immer wieder fasziniert von dem Bild; manchmal dachte ich bei mir, Jesus würde in die Gemeinde winken. Na ja. Ich war aber stets auch angezogen bzw. abgelenkt von der plastisch gestalteten Figur über dem Hauptbild: Gott Vater, weit weg, oben, thronend, Rauschebart, Zepter in der einen Hand, Weltkugel in der anderen. Gottesbild. Dank guten Religionsunterrichts in der Oberstufe und erst recht später im Theologiestudium habe ich dann unterscheiden gelernt zwischen Gottesbild und Gott. Zumindest konnte ich es gedanklich unterscheiden und habe dann eigentlich mit Gottesbildern (und der dazugehörigen Psychologisierung) nichts mehr zu tun haben wollen, sondern nur mit Gott. Und so ist Gott zu einer Art Sehnsuchtsort geworden für mich. Ein Sehnsuchtsort aber, den ich nie recht zu füllen oder zu erreichen vermochte – eine Leerstelle. Ich bin dann selber Religionslehrer geworden und habe vor allem in der Oberstufe des Gymnasiums unterrichten dürfen. Stets habe ich in der ersten Stunde des Zweijahres-Programms folgenden, dem hl. Augustinus zugeschriebenen Satz wie ein Programm an die Tafel geschrieben: »Si comprehenderis, non est Deus« – »Wenn du es begriffen hast, dann ist es (alles Mögliche, aber sicher) nicht Gott.« Ich habe diesen Satz für den Einstieg, als Programm und als Ziel vorgegeben und auch in den Auswertungen danach gefragt. Kann es gelingen, nach der Wahrheit Gottes und des Glaubens in redlicher Weise und auf hohem Niveau zu fragen, die entsprechenden Themen zu studieren und zu diskutieren und dabei Gott als den je Größeren gleichsam frei zu halten? Was immer ich »begreife« über Gott ... Gott ist immer größer. Der Versuch, guten Unterricht zu halten, ist mir so über all die Jahre immer mehr auch geistliche Herausforderung geworden: Was kann bzw. darf ich über Gott verantwortlich (und also auch hilfreich) sagen? Wo bleibt nur Schweigen? Kann es gelingen, Schülerinnen und Schülern gegenüber von der Sehnsucht nach Gott so zu sprechen, dass man diese Sehnsucht nicht gleich wieder mit eigenem Reden und eigenen Vorstellungen verstellt? Das gilt ja auch für die Verkündigung in anderen Bereichen. Wie kann ich meinen Glauben bezeugen, ohne der Begegnung des jeweiligen Gegenübers mit »seinem« Schöpfer im Wege zu stehen, ja sie durch mein vorlautes Reden womöglich zu verhindern – Ignatius von Loyola beschreibt diese Gefahr, wenn er den Exerzitienbegleiter (Lehrer, Prediger) mit einer Waage vergleicht, die lediglich anzeigt, was in den Waagschalen passiert, sie aber nicht beeinflusst. Schließlich hat mich die intensive Auseinandersetzung mit dem Missbrauchsthema in den vergangenen Jahren noch einmal vorsichtiger gemacht. Das Reden über Gott, mit Kompetenz oder mit (priesterlicher) Vollmacht, verführt dazu, »im Namen Gottes« zu reden oder dies zumindest nahezulegen. Das Gefälle, das derart entsteht, ist groß und sehr anfällig. Kurz: Ich bin da sehr vorsichtig und zurückhaltend geworden, was aber eben auch Konsequenzen für die hier gestellte Frage hat: Wie ist dein Gott? Mein persönliches Gebet, mein Sehnen, mein Stammeln, die Stille, all das wird immer mehr durch den Blick auf Christus geprägt und auf ihn allein. Ich bete gern um den Heiligen Geist, ich bete um die Barmherzigkeit Gottes, um seine Nähe. Und ich bekenne mit Thomas »mein Herr und mein Gott« (Joh 20,28) im Angesicht der Wunden des Auferstandenen – und lasse mich anschauen vom verwundeten Gott.

Johannes Siebner SJ, München, geb. 1961

Die Zumutung

Gott empfinde ich als Zumutung. Jahrelang hatte ich unter Panikattacken gelitten, sobald ich öffentlich etwas sagen sollte: Schweißausbrüche, rasendes Herz, Kurzatmigkeit und das Gefühl, diese Situation auf keinen Fall aushalten zu können. Im Lauf der Jahre lernte ich Vermeidungsstrategien, um diesen Situationen auszuweichen. Nicht mehr ausweichen konnte ich allerdings, als es um die Frage nach der Priesterweihe ging. Denn da muss man vorne stehen, etwas sagen, der Liturgie vorstehen. Ich konnte mir nicht vorstellen, wie das gehen sollte. Unter keinen Umständen.

Hilfe kam auf zweifache Weise: Ein Mitbruder, dem ich mich anvertraut hatte, vermittelte mich an eine Atem- und Bewegungstherapeutin. Von ihr lernte ich Entspannungsübungen, die mir halfen, vom Herzrasen und von der Kurzatmigkeit nicht total überwältigt zu werden. Übungen, die gut waren, um innerlich Raum zu schaffen und sich von der Angst nicht »zuschnüren« zu lassen. Ein anderer Mitbruder, dem ich in Exerzitien von meinem Tag und den Gebetszeiten erzählte, fragte mich: »Suchst du Gott?« Diese Frage ärgerte mich zunächst: »Natürlich suche ich Gott, sonst würde ich doch nicht Exerzitien machen!« Doch dann merkte ich, dass ich alles Mögliche suche – ein gutes Gefühl, Anerkennung, gemocht werden, einen bestimmten Status haben –, Gott aber nicht. Ich begann, Gott suchen zu wollen. Und in dieser Suche begann sich die Zumutung der Panikattacken zu wandeln. Die Panikattacken empfand ich weiterhin als Ärgernis, dass Gott mir so einen Mist zumutet. Gleichzeitig merkte ich, wie Gott mir den Mut zusprach, in der Gottsuche diese Zumutung zu überwinden. Ich stellte mir vor,

Gott würde zu mir sagen: »Solange du mich suchst, schenke ich dir den Mut, das, was dir zugemutet wird, bewältigen zu können.«

Beides zusammen half: sowohl die Körper- und Atemtechniken als auch die geistliche Ausrichtung der Gottsuche. Seit der Priesterweihe im Jahr 2007 kann ich die Anzahl kleinerer Panikattacken an einer Hand abzählen. Dieses Thema, das mich so viele Jahre beschäftigt und eingeschränkt hatte, gab es einfach nicht mehr.

Das Thema der Zumutungen Gottes aber bleibt. Oder sollte zumindest bleiben! Ich kenne bei mir die Tendenz, gerade wenn es gut läuft und ich ›erfolgreich‹ bin, der Zumutung Gottes auszuweichen und in einer Art friedlicher Koexistenz mit Gott zu leben und mich von Gott nicht allzu viel stören zu lassen. Dieses Sich-Einrichten funktioniert, damit werde ich aber weder mir noch Gott gerecht. Dem Geheimnis Gottes bin ich näher, wenn ich Gott als Zumutung verstehe. Als einen Aufruf, mich nicht allzu gemütlich einzurichten, so als ginge mich der Wahnsinn der Welt, das Leid, dem Menschen ausgesetzt sind, das Wunderbare und das Abgründige des menschlichen Lebens nicht wirklich etwas an.

Gott bleibt für mich das große Geheimnis und alle Versuche, ihn ›handhabbar‹ zu machen, sind verständlich und nachvollziehbar, stimmen aber leider nicht. Mein Wunsch an mich (was mir nur selten und höchstens ansatzweise gelingt): Gott als Zumutung begreifen und in den Zumutungen Gott zu suchen – nicht um zu verstehen, sondern um das unbegreifliche Geheimnis Gottes größer werden zu lassen.

Christoph Soyer SJ, München, geb. 1969

»Kopf hoch!«

In schlechten Nächten hat es mich getröstet, an das Fenster zu gehen und gegenüber im Hochhaus erleuchtete Fenster zu sehen. *Ich hebe meine Augen auf zu den Bergen.* Links oben, im siebten Stock. Im dritten, nahe am Treppenhaus, die Zimmerdecke getaucht in warmes Licht. Hier wacht noch jemand, ein Stück weniger Einsamkeit. Wie sehr erst, wenn jemand mit mir, für mich wach ist. *Der dich behütet, schläft nicht.* Ewig wach, das kann kein Mensch sein. Vollkommene Präsenz, ungetrübte Klarheit. Mir zugewandt. Wo schaue ich hin, wenn ich Hilfe brauche? Wie spüre ich, dass meine Hilfe kommt, von woanders her? Jetzt ist sie da, unermüdlich, reine Gegenwart.

Tobias Specker SJ, Frankfurt am Main, geb. 1971

Der zurücksetzt und der voranstellt

Unsere bunte Gemeinschaft ELIJAH ist zusammen-
gewürfelt aus Menschen der ganzen Welt. Roma-
Kinder ohne Familie, ehemalige Straßenkinder, Er-
zieher, Freunde. Jeder Gast aus einem fremden Land
lehrt uns »Guten Morgen« in seiner Sprache. Von Ja-
panisch bis Arabisch kennt jedes Kind bei uns den
Morgengruß in über zwölf Sprachen. So beginnen
wir den Tag. Dann beten wir einen Psalm aus dem
Ersten Testament, auch diesen können alle auswen-
dig. Es folgen das Evangelium des Tages, Fürbitten.
Das Vaterunser.

Unser Morgengebet wird abgeschlossen mit einem
der 99 Namen Gottes aus dem Koran. Einer unserer
Schützlinge erklärt, was er oder sie darunter versteht.
Heute lautet der Gottesname: »der zurücksetzt«. Maria, ein zwölfjähriges Mädchen, das in einer verwahr-
losten Roma-Familie aufgewachsen war und jetzt bei
uns in der Gemeinschaft lebt, deutet diesen Gottes-
namen so: »Gott setzt dich zurück. Mich hat er zurückgesetzt. In unserer Hütte war kein Platz, ich habe
draußen übernachtet. Wir waren zu zwölft in einem
Raum ohne Strom. Es gab kein Wasser. Wie hätte ich
morgens aufstehen und in die Schule gehen können
– so wie die reichen Kinder? Ich konnte damals nicht
lesen und schreiben. Aber ich habe tanzen gelernt.
Ich hatte viele Freunde, obwohl mich Gott zurückgesetzt hat. Oder weil mich Gott zurückgesetzt hat.
Das hat mich stark gemacht.«

Ich nehme mit in den Tag: Gott setzt dich zurück,
das heißt: Du hast Pech, etwas gelingt dir nicht, du
bekommst eine schlechte Note, du hast kein Zuhause
… Gott setzt dich zurück, damit du lernst. Du lernst

zu kämpfen, vielleicht verstehst du, dass alles Gnade ist. Er weiß, ob der Erfolg für dich gut ist.

Wie ist mein Gott? Jeden Tag zeigt er mir ein anderes Gesicht, und die Kinder erklären es mir. Immer verbindet er mich mit den Kindern. Er bringt mich zu den Armen, sie sagen mir jeden Tag neu, wie er ist. Was er von mir will. Was ich kann. Welches Glück ich habe. Meine Schwächen verschwinden, meine Stärken sind gefragt. Gott will meinen Einsatz. Maria hilft mir, die Misserfolge zu verkraften, weil sie mir vertraut. Sie zeigt mir das Positive an der Zurücksetzung. Sie will, dass ich mit ihr kämpfe, für sie, für ihre Familie, für die Armen. Sie hat es schwerer als ich. Miteinander gehen wir einen Schritt weiter, wir haben zusammengefunden, weil Gott sie zurückgesetzt hat. Und weil er mich »vorangestellt« hat. Er hat mich berufen, zu den Zurückgesetzten zu gehen und von ihnen das Evangelium zu lernen. Mit ihnen höre ich, dass ich begabt, begnadet, geliebt, gebraucht bin. Gott hat mich zu seinem Mitarbeiter gemacht. Gibt es eine größere Ehre? Ein schwereres Gewicht? Ich möchte alle meine Freunde einladen, den Ruf der Kinder und der Armen zu hören. Ihr Ruf macht groß und zum Partner Gottes. Jeden Tag zeigt er mir ein neues Gesicht, eine neue Aufgabe und seine überraschende Liebe.

Morgen lautet der Name Gottes: »der voranstellt«. Ich bin gespannt, wie Florin uns den Namen nahebringen wird. Er war ein Heimkind und dann ein Straßenkind. Jetzt trommelt er und ist ein kleiner Philosoph. Warum stellt mich Gott voran? Warum privilegiert er jemanden, mich? Welches Glück habe ich in meinem Leben! Gott sei Dank gibt es nicht nur Misserfolge, Gott setzt zurück und stellt voran. Gott gibt mir Erfolg. Danke. Dieses Erlebnis bringt mich auf neue Ideen und wird mich tragen, wenn etwas zusammenbricht.

Warum betrachten wir Gott in seinen 99 Namen aus dem Koran? Weil mir sein Gesicht nirgends lebensnaher und liebevoller begegnet. Ich hoffe, dass unsere Kinder mit dem Koran den Namen Gottes und nicht die Selbstmordattentäter assoziieren werden. Den EINEN, der viele Familien hat und nicht aufhört, Mitarbeiter zu suchen.

Wie ist mein Gott? Trotz meiner Schwächen setzt er mich ein, ja meine Schwächen nützt er sogar, damit ich lerne. Er braucht mich. Durch Jesus schenkt er mir Freundschaft, Aufgaben und den Ruf, dorthin zu gehen, wo die Not am größten ist.

P. Georg Sporschill SJ, Wien – Hosman (Rumänien), geb. 1946

Gott braucht mich nicht

Lange fand ich das Wort von den »unnützen Knech-
ten«, die lediglich ihre Schuldigkeit tun, wenn sie dem
Herrn dienen, anstößig; und das ist es bis heute (vgl.
Lk 17,7–10). Doch habe ich den Sinn dieser Anstößig-
keit erst spät entdeckt. Nein, Gott braucht mich nicht.
Ich füge seiner Größe nichts hinzu. Ich erwecke ihn
nicht zu Liebe oder Kommunikation. Er braucht mich
nicht als Empfänger seiner Gaben, einen Empfänger,
durch den er zu sich selbst käme. Gott ist einfach – von
Ewigkeit. Von Ewigkeit her ist er Liebe, Kommunikation und Gabe. Aber weil er das alles von Ewigkeit her
ist, drängt es ihn weiterzugeben, was er ist und hat. Es
drängt ihn nach außen. Und das Ergebnis dieses Dran-
ges ist die ganze Schöpfung, mich eingeschlossen.
Nun darf ich wie die Weisheit selbstvergessen und un-
bekümmert vor ihm spielen; und er hat seine Freude
daran (vgl. Spr 8,30–31). Ich brauche kein Buch zu
führen, in dem ich alles, was ich tue, eintrage, um ihm
meine Nützlichkeit zu zeigen oder zu beweisen. Ich
bin ›unnütz‹ in dem Sinne, dass er mich nicht zu einem Mittel macht, seine Ziele zu erreichen. So darf
ich einfach sein.
Oft gelingt mir das nicht. Das alte Muster, in dem
wohl auch ich groß geworden bin, ist zäh: Zuneigung
gegen Leistung. Es fällt nicht leicht, mir das einzuge-
stehen. Einfach zu sein wie das Kleinkind, über das
sich alle freuen, ohne dass es etwas geleistet hätte, daran versuche ich mich selbst zu erinnern, aber …
Manchmal, vielleicht eher selten, öffnet sich die Klam-
mer, in der ich lebe, und all die Sorge um mich selbst
fällt ab. Dann öffnen sich Raum und Zeit, und ich ver-
gesse mich, weiß mich unbewusst umhüllt von dem

Geheimnis, das mich umgibt und in dem ich ja eigentlich immer lebe. In diesen seltenen Augenblicken geht es mir auf. »Die Gnade aller Gnaden, wenn man sich selbst vergisst ...« (Georges Bernanos).

Im Nachdenken über diese Erfahrung verstehe ich immer tiefer, wie sehr sie zusammenhängt mit dem Glauben an den dreifaltigen Gott. Nicht nur ich suche diesen Gott, sondern er sucht mich, hat mein Suchen geweckt und will mich in seine Gemeinschaft hineinziehen. Und in dieser Gemeinschaft verschwinde ich nicht wie ein Wassertropfen im unendlichen Meer, sondern bin mit ihm verbunden, der mich gerade als anderer bei sich haben möchte. Da er selbst Gemeinschaft von Vater, Sohn und Heiligem Geist ist, hat er Raum für das Andere. Das Andere und das, was er nicht ist, hat eine Heimstatt bei ihm. Die ganze Schöpfung lebt im Heiligen Geist, der Gemeinschaft zwischen Vater und Sohn. Darum löscht der gastfreundliche Gott die ganze Schöpfung und mich nicht aus, sondern erhebt und behauptet alles. Seine einende Liebe will, dass es sei.

Die Grunddifferenz zwischen Gott und allem Geschaffenen, zwischen Gott und mir ist mir eine beglückende Erfahrung und Erkenntnis geworden. Wir – wenn ich Gott in dieses Wir einschließen darf – sind verschieden und eins; und wir bleiben es. Darum darf ich vor ihm ›unnütz‹ sein und mich zugleich dafür einsetzen, an seinem Reich mitzuarbeiten. Gott braucht mich nicht. Doch er will mich ›brauchen‹.

Dominik Terstriep SJ, Stockholm, geb. 1971

Aus der Quelle entspringt ein Fluss

Wer Gott für mich ist, war zunächst keine Frage. Ich bin im Glauben an einen Gott aufgewachsen oder in ihn hineingewachsen. Natürlich gab es als Kind auch die Fragen und Antworten, wie z.B. Gott kann alles, sieht alles. Gott war so etwas wie ein Mensch mit übermenschlichen Eigenschaften. Dazu kam dann verstärkt die Aussage: Gott ist Geist, d.h., man kann ihn nicht sehen, aber er ist überall. Irgendwann, als Jugendlicher, erschien mir dieser Gott als fern und unwirklich. Was ihn mir wieder nähergebracht hat, waren nicht so sehr Argumente und Überlegungen, sondern das Erleben und Wahrnehmen der Güte eines Menschen, in meinem Fall der Mutter. Ihre Selbstlosigkeit (die ich später wieder kritischer zu sehen gelernt habe) hat mir in dieser Situation geholfen, an den Ursprung vom Guten zu glauben. Das ist ein Aspekt des Glaubens, der für mich auch heute noch eine Bedeutung hat. Angesichts des vielen Schlimmen, das in der Welt geschieht, finde ich es als gar nicht selbstverständlich, dass es Güte, Liebe, Hingabe gibt. Das lässt mich ausschauen nach der Quelle, die Kraft dazu gibt. Mit den Jahren stellte ich fest, dass ich mir unter Gott immer weniger vorstellen konnte. Und so stellte ich mir neuerlich die Frage: Was berechtigt mich, an Gott zu glauben, von ihm zu reden? Es war eine ähnliche Überlegung, wie ich sie schon im Blick auf Güte etc. angestellt habe, diesmal ausgehend davon, dass ich bin. Ich habe mich nicht selber gemacht, sondern finde mich vor. Was ist der Grund dafür, dass ich existiere? Zunächst verdanke ich mein Leben den Eltern, diese aber wiederum ihren Eltern usw. Das führt(e) mich dazu, Gott zu verstehen als jemanden, dem ich im

Letzten mein Leben verdanke. Auch wenn ich es nicht immer präsent habe, hat es meine Sicht auf das Leben verändert: Das Leben ist fundamental – vor jedem eigenen Tun und vor jeder eigenen Überlegung – ein Geschenk, eine Gabe. Diese Sicht fordert mich auch dazu heraus, es als Gabe zu leben, in diesen Austausch von Empfangen und Geben bewusst einzutreten.

Ein dritter Zugang ist für mich der Blick auf Jesus Christus. Es ist aus allem, was wir in den Evangelien von ihm erfahren können, erkennbar, dass er von einer Quelle her lebt, die er »Vater« nennt. Von ihm leitet er seine Autorität her, von ihm bezieht er seine außergewöhnlichen Fähigkeiten, seinem Willen gemäß geht er seinen Weg, liebte er die Seinen bis zum Äußersten. Die Beziehung zum Vater gehört so wesenhaft zu ihm, dass er ihn wie in einem Spiegel zeigt.

Das sind für mich drei Zugänge zur Verborgenheit Gottes. Er wird für mich fassbar in seinen Wirkungen: als Quelle des Guten, als Ursprung meines Daseins und als Vater Jesu Christi. Er bleibt dennoch der Verborgene, ich habe keine Vorstellung von ihm. Die Wirkungen sehe ich im Leben Jesu Christi, erspüre sie als Geist in mir und in der Gemeinschaft mit anderen Glaubenden. Dass ich keine (konkretere) Vorstellung von ihm habe, macht die Beziehung mitunter schwierig, ist zugleich aber eine Herausforderung zur Offenheit für die Weise seiner Gegenwart und seines Wirkens, gemäß seinem ›Namen‹: Ich werde (da)sein, der ich sein werde (Ex 3,14).

Josef Thorer, Innsbruck, geb. 1948

Im Dienen hier begegnest du mir

Wenn ich früher an Gott dachte, stellte ich ihn mir als überaus reich, allmächtig, herrlich vor. Dies war nicht falsch. Falsch war meine Vorstellung von Gottes Reichtum, Macht und Herrlichkeit. So ging ich zu ihm, so wie ein Armer sich einem Reichen naht, um etwas zu erbitten, so wie ein Schwacher einem Starken, ein Demütiger jemandem begegnet, der in Herrlichkeit lebt.

So aber machte ich Gott zu einem Götzen, denn dieser reiche, mächtige, herrliche Gott, an den ich mich wandte, um meine Nöte zu befriedigen, ist doch nichts anderes als ein Götze. Meine Beziehung zu Gott entbehrte so der Wahrheit. Ich erstrebte das, was meinem menschlichen Interesse entspricht, und ich versuchte, es von diesem Reichtum, dieser Herrlichkeit, dieser Macht zu erhalten.

Im Evangelium sagt Jesus mir das Gegenteil. Um Gott zu finden, sollte ich nicht nach ›da oben‹ in die Höhe schauen, auf diese Ideen von Reichtum, Macht und Herrlichkeit, sondern ihn in unseren Tiefen hier suchen: in den Armen, den Schwachen, den Gedemütigten. So werde ich den göttlichen Reichtum finden, der ganz und gar nichts zu tun hat mit dem menschlichen Reichtum. Ich werde die göttliche Kraft finden, gänzlich verschieden von den gängigen Vorstellungen von menschlicher Kraft. Ich werde die wahre göttliche Herrlichkeit finden, die so ganz anders ist als meine rein menschlichen Vorstellungen von Herrlichkeit. Ich werde in Jesu Nachfolge einen Gott finden, der in geradezu verstörender Weise reich an Barmherzigkeit, Liebe und Demut ist; der seine Herrlichkeit erniedrigt, um sich um die Armseligen, die Entrechteten, die, die nichts zählen, zu kümmern.

Allmählich werde ich so Jesu Lehre verstehen darüber, wie ich leben muss, um mit ihm zu sein. Es handelt sich hier nicht um eine theoretische Offenbarung, so als würde mir gesagt, ich solle mir Gott als einen vorstellen, der sich unter die Armen, die Schwachen und Gedemütigten begibt. Nein, um mit Gott zu sein, bin ich aufgefordert, zu handeln wie Jesus, der Sohn Gottes. Dann werde ich ihn erkennen: durch Teilnahme an seinem Leben und Handeln.

Diese Lehre Jesu will ich unablässig im Auge behalten und immer neu hören. Es ist nicht eine natürlich verständliche Lehre. Zwar erreicht sie mich in Jesu Botschaft und Leben in unmissverständlich klaren Worten, aber auch so kann ich sie in rein menschlichen Kategorien des Denkens nicht erfassen. Und so frage ich, wie jene Gerechten beim Gericht im Matthäus-Evangelium fragen: »Herr, wann haben wir dich gesehen?« Und Jesus antwortet mir wie ihnen: »Amen, ich sage euch: Was ihr für einen meiner geringsten Brüder getan habt, das habt ihr mir getan« (Mt 25,40). In tätiger Nachfolge begegnest du mir. Das Licht des Heiligen Geistes, den ich dir geschenkt habe, wird dir das wahre Antlitz des Vaters immer deutlicher aufleuchten lassen.

Christian Troll SJ, Frankfurt am Main, geb. 1937

Wie mit tausend Fingerspitzen ...

Trotz des Theologiestudiums und all der Predigten und Gebete blieb doch lange Zeit »mein« Bild von Gott eher wie eine Wolke, die einmal dunkler, einmal lichter erschien; vielleicht wie die Wolke, die über dem Volk Gottes in der Wüste schwebte. Ich habe in diese Wolke auch gern all die Attribute, die ich einmal gelernt habe, hineingesprochen und IHM auch das Du angeboten. Aber viel mehr war es nicht. Doch nun begleitet mich seit einiger Zeit der Psalmvers »Von allen Seiten umgibst du mich«. Ich denke dabei an Momente, als ich im Sommer ins Adriatische Meer stieg. Nach einem kurzen, kalten Schock fühlte ich mich von lauen, samtigen Wellen umspült. Und es brauchte nur noch einen Augenaufschlag, um bei Gott zu sein und seine Gegenwart hautnah zu spüren. Ich hatte sogar einmal den verrückten Gedanken, ob die Intensität solcher »Gotteserfahrung« von der Wassertemperatur abhängt.

Aber es ist nicht nur das Wasser der Adria, von dem ich mich getragen fühle. Immer öfter spüre ich, wie ich überall nahtlos umgeben und getragen bin von allem, was da ist: von Luft und Licht, von Wärme und von Klängen, vom festen Boden und von all den Gegenständen ringsum. Ohne es zu fühlen, weiß ich mich umspült und durchdrungen von einer Welt chemischer Prozesse und elektrischer Ströme, die in mir und um mich herum ablaufen, milliardenfach, und die mein physisches Leben ausmachen. Ja, wie mit tausend Fingerspitzen spüre ich mich dann von Gott berührt.

Und dann noch dieses Elixier von Emotionen und Ideen, die mich überschwemmen. Auf diese Weise bin auch ich hineingenommen in den Strom der Evolution, die jeden Augenblick neu aus Gottes Händen quillt. Selber jeden Augenblick ein wenig neu geschaffen darf ich sogar selber mitschaffen, durch Termine und Anrufe, Begegnungen, aber auch Vorwürfe und Klagen – und leider auch durch Fehler.

Wenn ich heute 80 Jahre zurückschaue, dann meine ich, dass ich damals in ähnlicher Weise eingehüllt war von Gottes Gegenwart. Da dachte ich natürlich nicht an Evolution, aber ich war umgeben von schlichter, christlicher Frömmigkeit in unserem Dorf: nicht die Turmuhr, sondern die Glocken, die zum Angelus läuteten, teilten den Tag ein in ein bäuerliches »ora et labora«. Und Gott war ein Teil dieser Atmosphäre von Tischgebeten, Andachten, Bräuchen und Riten, vor allem aber von der warmen Geborgenheit des Elternhauses. Da stand die Kirche noch mitten im Dorf!

Von all dem ist mein Gottesbild geprägt. Ich selber konnte negative Erfahrungen in meinem eigenen Leben weitgehend ausklammern. Dennoch sind mir auf der ganzen Welt Leidende und Arme, Hungernde und Ausgestoßene begegnet. Erst spät konnte ich auch solche negativen Erfahrungen in den Gedanken an die Evolution integrieren. Der Strom des Lebens trägt auch unangenehme Ereignisse an uns heran, wie den Seeigel im Meer, auf den man im samtenen Wasser tritt, oder die spitzen Steine, an denen wir uns blutig stoßen. Auch sie hat Gottes Hand ins Meer gelegt. Und alle Katastrophen, das Leid und auch der Tod sind nichts anderes als der dunkle Aspekt von diesem Lebensstrom, dem sich keiner entziehen kann. Auch sie quellen aus Gottes Hand hervor.

Nun aber werde ich mich wohl langsam mit dem Wort aus Paul Claudels »Seidenen Schuh« anfreunden müssen: »Es ist an der Zeit, die kürzeren Wege zu Gott zu gehen.«

Joe Übelmesser SJ, Nürnberg, geb. 1932

Dein Reich komme

»Der Alumnus Väthröder müsste seinen Gottesglauben mehr metaphysisch-transzendent als sozial-ethisch begründen.« Dies war der letzte Satz aus der Beurteilung des Pfarrers aus dem Westerwald, wo ich als junger Priesteramtskandidat der Diözese Limburg zu Beginn der 1980er Jahre mein erstes Pfarrpraktikum absolvierte. Ich empfand diese Beurteilung in gewisser Weise als Auszeichnung, da mein Glauben an Gott immer mit der Gerechtigkeit für die Menschen einherging. Die Vaterunser-Bitte »Dein Reich komme« war später mein Primizspruch und für meinen Glauben paradigmatisch. Der Gott, der Gerechtigkeit für die Menschen will, der sein Reich auf Erden aufrichtet, hat sich durch meine Berufung, durch meine Gebete und meine Exerzitien hindurchgezogen. Diese Sehnsucht nach »Dein Reich komme« angesichts der Not und des Elends, der Armut und der Unterdrückung so vieler Menschen hat mein Leben und Glauben geprägt und wird es hoffentlich auch noch bis zum Ende tun.

Diese Sehnsucht spüre ich besonders am Karsamstag, der Zeit nach dem Kreuzestod Jesu und vor der Auferstehung, der Zeit, in der eigentlich ja alles gescheitert zu sein scheint. Hier enden oft meine Exerzitien. Die Betrachtungen der Auferstehungsfreuden bleiben zumeist vom Willen geprägte intellektuelle Übungen. Aber im Karsamstags-Moment des scheinbaren Schweigens Gottes, in der Situation des Hoffens und Wartens fühle ich mich Gott besonders nah. Es ist der Moment des Ausharrens, in dem erstaunlicherweise nicht das Dunkle und die Ferne, sondern die Gelassenheit und die Unbesorgtheit bei mir vorherrschen.

Im Sinne der Gelassenheit des Karsamstages drückt der

einfache Satz »Der liebe Gott ist immer bei mir« mein Gottesverhältnis aus. Es ist der »liebe Gott«, der bei mir ist. Er ist kein kontrollierender oder strafender Gott, sondern einer, der das Gute für mich will. Ich kann ihn enttäuschen mit meinen Egoismen und Sünden, die aber letztlich nur mir selbst Schaden zufügen. Und: »Er ist immer bei mir.« Ich kann mich auf ihn verlassen, mit ihm bin ich nicht verlassen. Dies spüre ich besonders in schwierigen und mich fordernden Situationen. Dann vergegenwärtige ich mir, dass »der liebe Gott immer bei mir« ist, und es stellt sich eine Gelassenheit bei mir ein. Es sind vor allem die Psalmen, die von Vertrauen und Gottes Schutz sprechen, die mir diese Geborgenheit vermitteln. Und »nähme ich die Flügel des Morgenrots, ließe ich mich nieder am Ende des Meeres, auch dort würde deine Hand mich leiten und deine Rechte mich ergreifen« (Ps 139,9f). Früher hätte mich ein solcher Gedanke als allumfassende Kontrolle geängstigt, heute ist er mir ein Trost, dass selbst an den Grenzen dieser Welt und meines Lebens der liebe Gott bei mir ist.

Bei diesem Glauben hilft mir auch immer wieder meine Zeit in Venezuela, wo die Bitte »Dein Reich komme« einen viel existenzielleren Sinn hatte. Gott in seinen vielfältigen und nicht stets der Dogmatik entsprechenden Ausdrucksformen ist im Wirrwarr des Lebens immer dabei: bei den Menschen, die nicht wussten, ob genügend Essen für die Familie morgen auf dem Tische sein wird, aber auch bei der Verbrechergang des Barrios, die mir andächtig bei der Totenwache ihres von der Nachbarbande erschossenen Kameraden lauschte und für dessen Seelenheil eifrig betete.

Klaus Väthröder SJ, Nürnberg, geb. 1960

Kein Gott der Philosophen?

Die Mehrzahl der frommen Leute, die ich kenne, ist felsenfest davon überzeugt, dass das meiste, was Philosophen über Gott gelehrt und geschrieben haben, wertlos ist. Auch Fachtheologen stellen dem philosophischen Theismus ein vernichtendes Urteil aus. Dessen Gott »war nie lebendig«, er »war schon tot, bevor Nietzsche darauf aufmerksam wurde«, er »kann nicht wirklich Person sein«, zu ihm »kann man nicht beten« (Thomas Ruster). Dies hören zu müssen ist bitter für mich, der ich an einer theologischen Fakultät das Fach Metaphysik zu vertreten habe. Metaphysik war nie nur Theorie von den allgemeinsten Strukturen dessen, was es gibt (Ontologie), sie fragte immer auch nach den Prinzipien und Ursachen des Seienden und identifizierte diese mit Gott (Theologie).

Die Tradition ging stets davon aus, dass der Gott der Philosophen kein anderer ist als der Gott, der dem Mose im brennenden Dornbusch erschien und den Jesus seinen Vater nannte. Blaise Pascal war der Erste, der diese Gleichsetzung in Frage stellte. Pascal hatte am Abend des 23. November 1654 ein mystisches Erlebnis, von dem wir durch einen Pergamentstreifen wissen, den er bis zu seinem Tod immer wieder neu in das Futter seines Rockes eingenäht hatte und der nach seinem Tod zufällig entdeckt wurde. Auf diesem Zettel steht: »Seit ungefähr halb elf Uhr abends bis ungefähr eine halbe Stunde nach Mitternacht. Feuer. Der Gott Abrahams, der Gott Isaaks und der Gott Jakobs, nicht der Philosophen und der Gelehrten.« Auch Thomas von Aquin weiß, wie begrenzt unsere Theorien von Gott sind. »Es ist unmöglich, von Gott zu sagen, *was* er ist.« Nicht einmal, *dass* er ist, kann als gewiss gelten.

Thomas geht davon aus, dass sich Gottes Existenz indirekt, d.h. aus den Wirkungen, beweisen lässt. Pascal setzt den Wert der klassischen Gottesbeweise als gering an, nicht nur weil er sich »nicht stark genug« fühlt, in der Natur zu finden, womit er hartgesottene Atheisten überzeugen könnte, sondern auch »weil diese Erkenntnis ohne Jesus Christus unnütz und unfruchtbar ist«. Jede Gotteserkenntnis, die dem Erkennenden nicht auch die Augen für sein Elend und seine Erlösungsbedürftigkeit öffnet und gleich auch die Lösung mitliefert, die ›Jesus Christus‹ heißt, ist für ihn nutzlos. Eine Erkenntnis, wonach Gott beispielsweise der Urheber ewiger geometrischer Wahrheiten, der Ordnung im Weltall oder der sittlichen Ordnung ist, lässt unser Herz kalt. »Es ist das Herz, das Gott fühlt, und nicht die Vernunft: Ebendies ist der Glaube. Gott ist dem Herzen fühlbar, nicht der Vernunft.«

Für Pascal ist wichtig, *wer* Gott für ihn ist. Gott hat einen Namen und ein Gesicht. Der Name Gottes ist mit dem Namen ›Jesus Christus‹ unauflöslich verwoben, weil Gott kein anderer ist als der, zu dem Jesus betete, den er seinen Vater nannte und der die Macht hatte, ihn aus dem Tod zu erretten. Aber auch Thomas von Aquin nimmt die Stelle, an der Gott Mose seinen Namen offenbart, als Beleg für die Richtigkeit seines philosophischen Begriffs von Gott. Aus der Vulgata hat Thomas die lateinische Übersetzung des hebräischen Gottesnamens JHWH, ›qui est‹ (›der ist‹), übernommen. Gott ist ›der Seiende‹. Sein Wesen ist, zu sein. In Gott sind Sein und Wesen eins. Das unterscheidet ihn von Menschen, Pflanzen, Tieren, Himmelskörpern, in denen Sein und Wesen niemals deckungsgleich sind. Gott *ist* sein Sein, d.h., er hat sein Sein nicht von einem anderen erhalten. Zwar ähneln die Engel darin

Gott, dass auch sie ihr Wesen sind, aber auch die Engel haben ihr Sein nicht aus sich, sondern aus einem anderen. Nur Gott *ist* sein Sein und sein Wesen. Das besagt der Name ›ist‹. ›Ist‹ ist allgemein genug, um nichts auszulassen und nichts zu begrenzen. Dennoch ist Gott von allem, was ist, verschieden. Das allgemeine Sein (esse commune) hat sein Sein im (abstrahierenden) Geist. Das Sein, das Gott ist, ist nicht nur im Denken, sondern in der Wirklichkeit. Gott ist reine Tätigkeit (actus purus). Alles, was ist, hat Anteil am Sein, aber nicht in der Weise, in der Gott ist, vielmehr in der Weise, in der das Einzelne durch sein Wesen Sein hat. Das Wesen ist nichts anderes als die Idee, durch die sich Gott selber denkt, insofern er durch das Geschöpf nachahmbar ist. Diese Theorie lässt offen, *wer* Gott *für mich* ist. Sie offenbart mir nicht, worin meine Rettung und mein Heil liegen. Sie kann mir jedoch verständlich machen, wie alles, wirklich alles, von Gott abhängt und von ihm durchdrungen ist, ohne mit ihm identisch zu sein. Dies mir und meinen Studenten klarzumachen halte ich für wertvoll.

Heinrich Watzka SJ, Frankfurt am Main, geb. 1954

Christus ist das Ebenbild
des unsichtbaren Gottes (Kol 1,15)

In meiner Jugendzeit waren es öfter ganz tiefe Gebete, in denen ich spürte, dass der Herr mich ruft. Und als sich dann einmal die Gelegenheit auftat, folgte ich dem Ruf. Ich bat um Aufnahme in den Jesuitenorden. Als ich im Noviziat einmal vor der Wahl stand, den Weg der Ordensberufung weiterzugehen oder ihn zu verlassen, kam mir ganz spontan der Ruf des Petrus in den Sinn: »Herr, zu wem soll ich gehen? Du allein hast Worte des ewigen Lebens.« Und ich ging den Weg mit seiner Kraft weiter. Mir half in dieser Zeit die Betrachtung des Leidens Jesu.

In der Jugendarbeit später waren es die Jugendlichen, in denen mir der Herr begegnete. Ihre Freuden, ihre Armut und ihre Nöte bewegten mich in meinem Gebet. Ich hatte von einem Mitbruder eine unscheinbare Postkarte zu meinen ersten Gelübden bekommen. Abgebildet war das Abendmahl von Emil Nolde. Dieses Bild wurde zu einer Ikone meiner Christusbeziehung und damit auch meiner Gottesbeziehung, denn Christus ist das Ebenbild des unsichtbaren Gottes. Dieses Bild führte mich hin zur Gemeinschaft mit dem Herrn und seinen Jüngern. Zu ihnen fühlte ich mich gehörig. Heute bin ich dankbar, diesem Ruf vor 57 Jahren gefolgt zu sein.

Jetzt ist mein Gebet einfacher geworden. Im Jesusgebet suche ich immer wieder neu die Verbindung mit Gott. Und meist ist es einfach ein Dasein vor ihm, meinem Herrn und Gott. Auch manche Psalmen sind mir wichtig geworden, z.B. 23 oder 51 oder 139.

In den letzten Jahren gewann die Menschwerdung Gottes für mich immer mehr an Bedeutung. Es ist ein unglaubliches Geschehen, dass da in einem Menschen der unbegreifliche Gott uns nahekommen will. Angesichts der großen Erkenntnisse in der Astronomie und der Sichtbarmachung großer Teile des gewaltigen Universums wird der Mensch immer kleiner. Und in einem solch kleinen Menschen will Gott uns begegnen? Ich bin unendlich dankbar für dieses große Geschenk der Inkarnation und dass die Kirche dieses Glaubensgeheimnis in unserem Glaubensbekenntnis schon 2000 Jahre bewahrt.

Gott liebt das Kleine, das Unscheinbare, das Niedrige. Vor ihm darf das Fehlerhafte da sein. Er liebt die Kinder und alle Menschen, die so offen und demütig vertrauend sind wie die Kinder. Und Gott ist barmherzig. Die Barmherzigkeit Gottes kommt oft vor in meinen Predigten. Aber manchmal überfällt mich doch auch der Gedanke: Und was, wenn Jesus doch nicht der Sohn Gottes ist? Dann hänge ich ganz schön in der Luft. Hier helfen mir die Tradition und die Liturgie der Kirche: Die vielen Menschen, die vor mir den Glauben gelebt und ihr kostbares Zeugnis für ihren Herrn in ihrer Lebenshingabe abgelegt haben.

Die beste Stärkung für meinen Glauben kommt mir aus der täglichen Feier der Eucharistie. Wenn ich da die Hände zum Gebet ausbreite, kommt mir manchmal der Gedanke: Bist du auch bereit, dein Leben einzusetzen, wenn es gefordert würde? Denn nur dann ist ja glaubwürdig, was du da tust. Es ist ein besonderer Moment, im Kanon, an Gott den Herrn gerichtet, die Worte Jesu sprechen zu dürfen. Hier spüre ich das große Vertrauen, das er in mich setzt. Das stärkt ungemein. Manchmal wird mein Glaube auch angefochten, wenn ich am Grab eines lieben Menschen stehe. Wer hält uns denn über den Abgrund des Todes hinweg?

Da ringe ich mich dann immer wieder dazu durch, mich auf meinen Gott zu verlassen, der Jesus aus dem Tod errettet hat und mich, uns, in diese Errettung des auferstandenen Herrn Jesus Christus mit hineinnehmen will. So habe ich es jedenfalls in meiner bisherigen Seelsorge verkündet – in Pfarrkirchen, im Gefängnis, im Krankenhaus, bei Familiengottesdiensten und bei Jugendmessen.

Der letzte Akt meines Lebens wird der Sprung in eine Tiefe sein, die ich nicht kenne. Ich weiß nur, dass da einer ist, der mein Seil, an dem ich hänge, ganz fest in seinen Händen hält. Und das ist mein Herr, der mich bis hierher schon durch alle Stürme meines Lebens begleitet hat.

Ossi Wopperer SJ, Neumarkt/Opf., geb. 1939

Anders als gedacht

Ein chinesisches Lokal in Köln. Es entwickelt sich ein
Gespräch mit einem Paar mit kleinen Kindern am
Nachbartisch. Der junge Vater mit fester Stimme und
freundlichen Augen spricht davon, dass er Jesus Christus dankbar sei für alles, was er erfahren habe, für seine
Frau und für Kinder, für die Freude am Glauben. Zum
Abschied verspricht er mir, für mich zu beten, besonders für den Vortrag morgen früh, und bittet um den
Segen für seine Familie. Diese Begegnung war mir
noch lange danach vor Augen und im Herzen. Gottes
Gegenwart wartete an diesem unwahrscheinlichen Ort
und in einem mir unbekannten Menschen. Solche Begegnungen und Erfahrungen begleiten mich seit einiger Zeit: Gott ist da, wo ich es nicht erwarten würde
– und er sorgt besser für mich und meine Aufgaben,
als ich das je selber machen oder mir auch nur vorstellen könnte.

Manchmal werde ich gefragt, ob die Arbeit im Bereich
der Missbrauchsprävention nicht sehr belastend sei. Ich
antworte dann, dass es ein schweres Thema ist, dass ich
aber immer wieder in kleinen und großen Dingen erlebe, wie Gott in all dem dabei ist. Das ist mein stärkstes Empfinden: Auf der Wegstrecke im Orden und besonders in den letzten Jahren hat sich eines nach dem
anderen ergeben, und immer habe ich Gottes Begleitung und Wohlwollen gespürt. Das ist gerade dort
wahr geworden, wo ich es am wenigsten vermutet hätte: dort, wo tiefe Wunden und schier grenzenloses
Leid wohnen. Aus dem, was einige über ihren Lei-
dens- und Glaubensweg mitgeteilt haben, ist mir so
dicht wie nie zuvor aufgegangen, wie nahe Jesus jenen
ist, die grausam verwundet worden sind und die unge-

recht leiden. Betroffene von sexuellem Missbrauch haben mich in dieser Sicht bestärkt. Da ich weder Gewalt verherrlichen noch Opfer von sexuellem Missbrauch durch Priester benutzen wollte, hatte ich Betroffene gefragt, ob ich das so schreiben kann.

Gottes Sohn, der außer der Sünde alles Menschliche angenommen hat, teilt uns sein göttliches Leben mit: im Leid, in herzlicher, grundloser Zuwendung oder in einer spontanen Begegnung beim Chinesen. Er ist da, wo wir es nicht erwarten. Wir müssen dazu gar nichts anderes tun, als wach zu sein und uns von ihm überraschen zu lassen.

Hans Zollner SJ, Rom, geb. 1966

Vom Blick eines liebenden Gottes durchdrungen

Das Credo von Jorge Bergoglio

Vor seiner Priesterweihe formulierte Jorge Mario Bergoglio – jetzt Papst Franziskus – ein persönliches Glaubensbekenntnis, das seine Gottesbeziehung und seine Spiritualität ausdrückt.

Ich will an Gott den Vater glauben, der mich wie einen Sohn liebt, an Jesus Christus, den Herrn, der seinen Heiligen Geist in mein Leben eingoss, um mir ein Lächeln zu schenken und mich so zum Reich des ewigen Lebens zu führen.

Ich glaube an meine Geschichte, die von dem Blick eines liebenden Gottes durchdrungen ist, der an einem Frühlingstag, dem 21. September, mich traf und mich einlud, ihm nachzufolgen.

Ich glaube an meinen Schmerz, der durch den Egoismus, in den ich mich flüchte, unfruchtbar wird.

Ich glaube an die Armseligkeit meiner Seele, die aufzunehmen versucht, ohne zu geben …

Ich glaube, dass die anderen Menschen gut sind, dass ich sie ohne Furcht lieben müsste, ohne sie jemals zu verraten, um damit eine Sicherheit für mich zu suchen.

Ich glaube an das Leben aus dem Glauben.

Ich glaube, dass ich viel Liebe schenken möchte.

Ich glaube an den täglichen Tod, der mich aufzehrt und den ich fliehe, der mich aber dennoch anlächelt und mich einlädt, ihn zu akzeptieren.

Ich glaube an die Geduld Gottes, die mich aufnimmt und die gut ist wie eine Sommernacht.

Ich glaube, dass Papa bei Gott im Himmel ist. …

Ich glaube an Maria, meine Mutter, die mich liebt und mich niemals alleinlassen wird.

Und ich erwarte die Überraschung eines jeden neuen Tages, in welcher sich die Liebe, die Kraft, der Verrat und die Sünde zeigt, die mich begleiten werden bis zu jener endgültigen Begegnung mit diesem wunderbaren Antlitz, von dem ich nicht weiß, wie es ist, dem ich andauernd entfliehe, das ich aber kennen und lieben möchte. Amen.

(Aus: Papst Franziskus, Mein Leben, mein Weg. Passage übersetzt von Dr. Elisabeth Münzenbrock

© *Verlag Herder GmbH, Freiburg im Breisgau 2013, S. 140*

© *Sergio Rubin – Francesca Ambrogetti, 2010*

© *Ediciones B Argentina S. A., 2010)*

Vom Gottesweg des Ignatius von Loyola

Lange hat Ignatius sich drängen lassen, von seinem geistlichen Weg Inneres und Persönlichstes zu erzählen, hat es aber dann um der Mitbrüder willen doch getan. Ob er sich darauf eingelassen hätte, auf ein paar Seiten von »seinem Gott« zu erzählen? Im Folgenden seien fast nur überschriftartig und in kurzen Zitaten Zeugnisse für sein Gottesbewusstsein und sein Leben aus und in Gott genannt; kaum mehr als dies.

Wer ist Gott für Ignatius?

Ein Glück über alles andere: Ich-frei zu Gott hin

Vorausgenommen sei, was eine Schlusszusammenfassung sein könnte – Ignatius im Originalton: »Wenn einer aus sich selbst ausgegangen ist und eingegangen in seinen Schöpfer und Herrn, immer das vor Augen, immer das verspürend, immer des sich freuend, wie unser ewiges Gut in allem Geschaffenen ist, ihm Dasein gebend und Erhaltung durch seine gegenwärtige Unendlichkeit, so liegt darin, wie ich meine, ein Glück über alles andere. Denn denen, die unseren Herrn lieben, sind alle Dinge dargeboten als Hilfen, näher zu kommen und eins zu werden immer inniger in wachsender Liebe zu eben diesem ihrem Schöpfer und Herrn« (Geistliche Briefe, hg. von Hugo Rahner, S. 58).

Es ist nicht verwunderlich, dass Ignatius im »Prinzip und Fundament« der Exerzitien schreibt: »Der Mensch ist geschaffen, um Gott unseren Herrn zu loben, ihm Ehrfurcht zu erweisen und zu dienen, und die übrigen Dinge auf dem Angesicht der Erde sind für den Menschen geschaffen und damit sie ihm bei der Verfolgung des Zieles helfen, zu dem er geschaffen ist« (EB 23). Der Weg der Annäherung ist ein lebenslanger Weg der Befreiung (»Indifferenz«) von »ungeordneten Anhänglichkeiten« (EB 21; EB 23).

Gott ist der Gott der Glaubenstradition

Ignatius lebt den Glauben, wie er ihn in der Gemeinschaft der Kirche und von klein an kennen und leben gelernt hat. Es ist der Gott der religiösen Erziehung und Bräuche, der Gott seines baskisch-adligen Milieus und der höfischen Sprachwelt. Er ist der Gott der Gebete, der Messfeiern, der Wallfahrten, des Credo der Kirche, der Glaubenskämpfe, der Auseinandersetzung mit Juden, Muslimen.

Gott ist der Gott der Verwandlungen

Höfische Karriere war lange Zeit der Lebenstraum von Ignatius. Seine Knieverletzung im Kampf, sein Krankenlager, das ihn in Todesnähe brachte, und dann die »Bettlektüre« der Heiligengeschichten und des Lebens Christi nach den Evangelien brachte ihn auf den Christusweg und zu einer Umwertung seiner Wertehierarchie. Schon sehr entschieden auf dem Gottesweg – »in der Schule Gottes« benennt er diese Phase – muss er feststellen, dass er noch »keine Ahnung von Demut, Liebe und Geduld hatte« (Bericht des Pilgers, 14). Und auf diesem lebenslangen Wandlungsweg half ihm der »so menschenfreundliche König« und, wie er öfters sagt, der so »sanfte Herr«.

Gott ist der Gott der großen Stunde

Ignatius erzählt seinem Mitbruder Luis G. da Câmara von der großen und einzigartigen Gnadenstunde seines Lebens: »Er setzte sich eine Weile nieder mit dem Blick auf den Fluss, der tief unten dahinfloss. Wie er nun so dasaß, begannen die Augen seines Verstandes sich zu eröffnen. Nicht, als ob er irgendeine Erscheinung gesehen hätte, sondern es wurde ihm das Verständnis und die Erkenntnis vieler Dinge über das geistliche Leben sowohl wie auch über die Wahrheiten des Glaubens und über das menschliche Wissen geschenkt. Dies war von einer so großen Erleuchtung begleitet, dass ihm alles in neuem Licht erschien … Dieses Ereignis war so nachdrücklich, dass sein Geist wie ganz erleuchtet blieb. Und es war ihm, als sei er ein anderer Mensch geworden und habe einen anderen Verstand erhalten, als er früher besaß.«

Und doch verspürt Ignatius auch jeden Tag neu den »alten Adam« in sich, aber auf der Spur mit Christus hat sich seine innerste Ausrichtung geändert: Er ist »Pilger« in Richtung Gott. »Annäherung« (EB 20) und »Umarmung« (EB 15) heißt dieses Geschehen im Exerzitienbuch.

Gott ist der immer größere und immer nähere Gott

Kaiser und Könige und Lehnsherren geben Ignatius Vorstellungen, Bilder und Sprache für den Gott, dem eines vor allem gebührt: Ehre. Ad maiorem Dei gloriam — »Alles zur größeren Ehre Gottes« wurde Wahlspruch seines Ordens. Gott ist DER HERR schlechthin; von ihm spricht Ignatius als »majestas«, als Majestät, und erstaunlicherweise auch von der »familiaritas cum Deo«, der familiären Vertrautheit mit Gott; so vertraut, dass Ignatius gegen Schluss seines Pilgerberichts sagt: »Er wachse dauernd in der Andacht, das heißt in der Leichtigkeit, Gott zu finden, und jetzt mehr als in seinem ganzen Leben. Immer und zu jeder Stunde, wenn er Gott finden wolle, finde er ihn« (Bericht des Pilgers, 99).

Gott ist der universale Gott

1492, ein Jahr nach der Geburt von Ignatius, wird Amerika entdeckt und 1521, im Jahr seiner Umkehr, geschieht die erste Weltumseglung. – In der Betrachtung zur Menschwerdung lenkt er den Blick Gottes auf das ganze Erdenrund; Christus ruft dazu hin, mit ihm alle Menschen zu erlösen und zu befreien. Im »magis«, im »mehr«, und im Drängen der Liebe Christi findet dies seinen Ausdruck.

Gott ist der dreieinige Gott

Im Exerzitienbuch wird der Beter zum Gespräch mit dem dreieinigen Gott, mit »den göttlichen Personen«, eingeladen. In seinem mystischen Tagebuch rahmt er selber Stellen ein, wo er vom dreieinigen Gott spricht, und er empfand einmal, er habe so viel wahrgenommen vom trinitarischen Gottesgeheimnis, dass er nicht wisse, ob man mehr wahrnehmen könne. Sogar ein Buch habe er schreiben wollen.

Gott ist der in allem Gegenwärtige

Die wohl meistzitierte ignatianische Formulierung ist »Gott in allem suchen und finden«. Dies heißt ganz

konkret: »z.B. im Sprechen, im Gehen, Sehen, Schme-
cken, Hören, Denken, überhaupt in allem, was wir
tun; ist doch Gottes Majestät in allen Dingen, durch
seine Gegenwart, durch sein Wirken und sein Wesen«
(Geistliche Briefe, 206).

Gott ist der spürbare Gott

Gott ist spürbar im Trost, d.h. in allem, was Glauben
und Hoffen und Lieben und Freude und Befreiung
und Reue usw. fördert und seelisch spürbar macht. In
seinem mystischen Tagebuch notiert er auf den letzten
Seiten fast nur »Tränen …«. So bedeutsam ist dieses
Verspüren für ihn, dass er im Gespräch einmal sagt:
»Ich glaube, ich könnte nicht leben, wenn ich nicht in
meiner Seele etwas spüren könnte, das nicht von mir
und überhaupt von niemandem, sondern nur von Gott
kommt.«

Gott ist der Gott der Liebe

Am prägnantesten kommt diese Gottesnähe wohl in
der großen »Betrachtung, um Liebe zu erlangen« zum
Ausdruck. Die Liebe, die man mehr in die Werke als
in die Worte legen solle, definiert er in dem Satz »Die
Liebe besteht im Mitteilen von beiden Seiten«. In seiner Liebe teilt sich Gott selbst dem Menschen im
»gottmöglichen Maße« mit: in der Materie, den Pflanzen, den Tieren, dem Menschen, dem ganzen Universum, den Gaben des Geistes. Da kann er nur beten:
»Nimm Du mich hin, ganz und gar« und am Schluss
noch »Gib mir nur Deine Liebe und Gnade. Die genügt mir − ésta me basta!« (vgl. EB 230–237).

Mit 53 Jahren (!) schreibt Ignatius in sein Tagebuch: »Endlich habe ich den Weg gefunden, der sich mir zeigen wollte … Es ist der Weg der ehrfürchtigen Liebe (amor reverencial)« – Gott und allen Dingen gegenüber.

Gott in Christus als Erlöser und Befreier

Ignatius hat seine eigene dunkle Nacht: Sein skrupelhaftes Sündenbewusstsein und perfektionistisches Heiligkeitsstreben brachten ihn an den Rand des Selbstmords und der Aufgabe seines »frommen Lebens«. Erst da erwachte er wie von einem Alptraum befreit; es wurde ihm bewusst, dass er unaufgebbar auf dem Christusweg war, von dem er sich nicht abbringen lassen konnte bzw. wollte. »Wie unendlich gut bist Du, Gott, dass du einen Sünder wie mich liebst.« So ein von einem Buben dem Ignatius abgelauschtes Stoßgebet.

Gott ist Gott in Christus

Wer wissen will, wer und wie Gott ist, den lädt Ignatius bei den vielen Betrachtungen von Szenen des Evangeliums ein zu bitten, Christus mehr »zu erkennen, ihn zu lieben und ihm nachzufolgen«. Christus ist »der wahre Hauptmann des wahren Lebens« (EB 139). Er wird ihm immer mehr zu »Weg, Wahrheit und Leben«. Die ganzen Exerzitien wollen zu nichts anderem hinführen als zur neuen Lebensgestaltung durch und mit und in Christus – im Leben und im Sterben und in der auferstandenen Liebe.

Gott ist die in Christus gekreuzigte Liebe

Über sieben Ignatius besonders wichtige Merksätze hat
er geschrieben: »Jesus meine Liebe ist gekreuzigt.«
Man kann diesen Satz zweifach ausdeuten: Im Blick
auf Christus zeigt sich die Liebe, die aus Liebe das
menschliche Leben durchleidet. Man kann es natürlich
so verstehen, dass, wer mit Christus sich auf dessen
Kreuzweg begibt, der schon mit der Geburt beginnt
und am Kreuz auf Golgotha endet, mit ihm kämpft
und leidet, so auch eingeht in seine Herrlichkeit.

*Gott ist in Christus der Gott des Dienstes und der Sen-
dung*

Umsonst empfangene Liebe kann und will nichts anderes, als sich weiter zu verschenken. Gerufen und gesandt ist der Mensch auf dem Christusweg. »In allem
lieben und dienen«, heißen die motivierende Sehnsucht und der Lockruf des »bittenden Christus-Kö-
nigs«. Liebes-Dienst kann man die Mystik des Ignatius
nennen. Und eine »discreta caritas«, d.h. eine unter-
scheidende, kluge Liebe, die sorgsam sucht, wozu hin
Gott ruft und sendet. Ein großer Teil seiner Briefe endet mit dem Wunsch, immer mehr den Willen Gottes
zu erkennen und zu verspüren und tun zu mögen.

Gott ist der Gott des Lebens und Sterbens

Geweint hat Ignatius oft beim Gedanken an den Tod.
– Und Gott in den letzten Stunden? Auf den erbete-
nen Segen durch den Papst musste er vergeblich war-
ten, weil es um ihn doch nicht ganz so schlimm zu stehen schien und »wichtige Dinge« zu erledigen waren.

Das Letzte, was sozusagen dokumentiert ist, war, dass der Krankenbruder aus dem Zimmer die Rufworte vernahm: »Ay Dios. Ay Dios – Oh Gott. Oh Gott«. War es ein Stöhnen? War es das »Schauen von Angesicht zu Angesicht« und so in der letzten Offenbarung die letzte Verwandlung? War es beides? War es, wie sein Sekretär Juan de Polanco schrieb, »ein Tod wie alle Welt«? – Es darf dies getrost Geheimnis bleiben.

Willi Lambert